KB024948

피터 드러커의

경영의 원점

피터 드러커의

경영의 원점

Management Basic

이재규 지음

사과나무

피터 드러커의 경영의 원점

1판 1쇄 발행 2015년 6월 25일

지은이 이재규
펴낸곳 도서출판 사과나무
펴낸이 권정자
표지 구성 김미영
등록번호 1996년 9월 30일(제11-123)
주소 경기도 고양시 덕양구 충장로 123번길 26, 301-1208

전화 (031) 978-3436
팩스 (031) 978-2835
이메일 bookpd@hanmail.net
트위터 @saganamubook

값 13,000원

ISBN 978-89-6726-013-2 03320
* 저작권자와의 협의하에 인지 첨부를 생략합니다.
* 이 책은 《피터 드러커에게 경영을 묻다》의 개정판입니다.

이 도서의 국립중앙도서관 출판예정도서목록(CIP)은 서지정보유통지원시스템 홈페이지(http://seoji.nl.go.kr)와 국가자료공동목록시스템(http://www.nl.go.kr/kolisnet)에서 이용하실 수 있습니다.(CIP제어번호: CIP2015015426)

초판 머리말

이 책은 필자에게 남다른 의미가 있는 책이다. 드러커는 2005년 11월 11일 96세 생일을 1주일 앞두고 타계했다. 필자는 2005년 12월 추모행사, 2006년 5월 지적(知的) 유산을 기리는 세미나, 그리고 2007년 4월 드러커의 유해가 뿌려진 콜로라도 산장에 다녀왔다. 그런 과정을 기록하고 드러커와 관련된 도시들을 순례한 결과를 《피터 드러커의 인생경영》이라는 제목으로 펴내기도 했다.

필자와 피터 드러커 교수와의 인연은 1992년으로 거슬러 올라간다. 그동안 드러커 교수의 책들을 번역하고 그를 연구하는 학자로서 팩스로 질문하고 거의 매년 만나고 하면서, 저자와 번역자 이상의 긴밀한 관계를 유지해왔다. 드러커 교수의 책을 번역하면서 배우는 것만 해도 필자에겐 큰 행운이었다. 특히 필자가 대구대학교 총장으로 취임하던 날, 드러커 교수는 다음과 같은 축사를 보내주어서 기뻤던 기억이 있다.

친애하는 이재규 총장께,

먼저 축하드립니다. 대단히 기쁜 소식입니다.

현대사회에서 주요 대학의 총장직보다 더 중요한 임무는 달리 찾아볼 수 없습니다. 오늘날 지식사회에서는 대학이 과거 산업사회에서 기업이 수행했던 역할을 담당하게 되었기 때문입니다.

대학은 지식의 원천이며 지식발전의 동력기관입니다. 지식은 곧 부의 진정한 창출자이므로 방향설정과 그 운영 측면에서 대학보다 더 어려운 기관은 달리 없을 것입니다.

20세기의 단순 지식에서 다양한 지식들로의 전환과 더불어, 평생학습이라는 새로운 과제가 등장함에 따라 이제 대학은 참신한 사고와 새로운 구조를 필요로 합니다. 그러므로 기회이자 위협이기도 한 새로운 정보기술이 미치는 영향을 대학만큼 심대하게 받을 주요 기관도 별로 없으리라고 봅니다.

친애하는 이 총장에게 무한한 성원을 보냅니다. 그리고 무엇보다도 귀하가 막중한 임무를 담당하게 된 데 대하여 대구대학교에 축하의 뜻을 전하는 바입니다.

다시 한번 취임을 진심으로 축하드립니다.

- Peter Drucker

이 책은 기존에 펴냈던 《피터 드러커의 경영전략》의 일부 내용과 여러 매체에 기고했던 원고들을 정리해서 묶은 것이다. 제1장은 서울경제신문의 송현 칼럼에 게재한 내용으로, 그때그때의 시사문제를 필자가 이해한 드러커의 시각으로 쓴 것이다. 2장은 한국가스공사 사내보에 실린 내용이고, 4장과 5장은 《피터 드러커의 경영전략》에 실렸던 내용을 가필, 수정해서 실었다. 3장과 6장은 전국경제인연합회 산하 자유기업원의 요청으로 쓴 글이다.

이 책은 드러커의 경영사상의 핵심을 일반인들이 비교적 알기 쉽게, 에센스를 모았다고 할 수 있다. 드러커 탄생 100주년을 계기로 펴낸 이 책을 통해 필자는 작은 분량이나마 드러커의 사상을 우리나라 현실에 적용하여 설명하는 역할을 했다고 말하고 싶다. 그 점이 필자의 한 가지 공헌이라고 자부한다.

책을 편집하는 과정에서 다시 원고를 읽어보니 간혹 겹치는 부분이 눈에 띄는데, 그것은 문맥상 어쩔 수 없는 것이어서 그대로 두었다. 독자의 양해를 바란다.

이재규

:: 차례 ::

2장 | 인간의 욕구는 어떻게 사회를 변화시키는가?

3장 | 지식근로자가 되기 위한 노하우

4장 | 피터 드러커의 지식경영

5장 | 피터 드러커, 기업의 사회적 책임을 말하다

6장 | 피터 드러커의 사상을 읽는다

피터 드러커(1909~2005), 그는 누구인가

1909년 11월 18일 오스트리아 빈에서 태어난 그는 어릴 때부터 아버지의 친구였던 경제학자 조지프 슘페터와 정신분석학자 지그문트 프로이트, 소설가 토마스 만 등 당대의 석학들을 만났다. 15세 때 부모를 따라 출입한 빈의 한 살롱에서 〈파나마운하의 개통이 세계무역에 미치는 영향〉이란 첫 연구물을 발표했다.

독일 프랑크푸르트 대학에서 국제법으로 박사학위를 받고 강사로 일하던 그는 나치를 피해 영국으로 건너갔다. 1937년 대공황 시절 영국 신문의 특파원 자격으로 미국 동부로 이주한 뒤 미디어학자 마셜 맥루한 등과 교류하면서 〈타임〉〈포춘〉 등의 잡지에 활발히 기고했다. 여러 대학에서 정치학, 통계학, 철학, 경영학 등을 강의했다.

제2차 세계대전 직전 나치의 몰락을 예견한 《경제인의 종말》(1939)을, 이어 《산업인의 미래》(1942)를 펴내 미국 정치학계와 경제학계에서 두각을 나타냈다. 이 무렵 GM, GE 등 굴지의 기업체에 경영컨설팅을 했으며, 드와이트 아이젠하워 대통령의 자문 역할도 했다.

1950년 뉴욕대 정교수로 취임해 20년간 근무했으며, 1971년부터 타계하던 해인 2005년까지 캘리포니아주 클레어몬트 대학 드러커 경영대학원에서 강의했다.

《경영의 실제》(1954), 《단절의 시대》(1969), 《혁신과 기업가정신》(1985), 《자본주의 이후의 사회》(1993), 《21세기 지식경영》(1999), 《넥스트 소사이어티》(2002) 등 지금까지 펴낸 39권의 책은 전세계 경영학자와 일반인들의 애독서가 됐다. "진정한 지식근로자에게 은퇴란 없다"고 말한 드러커 박사는 2005년 11월 11일 96세를 일주일 앞두고 펜을 쥔 채 눈을 감았다.

::제1장::

자유주의자의 지적(知的) 투쟁

01

누가 내 일자리를 빼앗아갔는가?

18세기 중엽 유럽에서 산업혁명이 일어나고 사회는 경제적으로 향상되었다. 그러나 그들은 종종 자신들이 누리게 된 경제적 발전에 대해 반란을 일으켰다. 1811년 영국에서 일어난 노동자들의 기계파괴운동Luddite Movement, 1846년 영국의 곡물법 폐지에 반대한 지주들의 데모, 1848년 독일 실레지엔 지역의 린넨 공장 직공들의 데모에서 보듯이 경제적 발전에 대한 반대는 경제적 발전으로 가장 덕을 보았을 바로 그 계층 사람들로부터 나왔다. 그 뒤를 조종하고 개인적인 권력을 도모하는 사람들이 있었던 것은 물론이다.

아크라이트가 발명한 방적기계에, 제임스 와트가 발명한 증기기관을 동력으로 사용하는 공장을 소유한 소위 '기계를 가진 자'가 등장하자 영국사회는 발칵 뒤집혔다. 방직공장의 소유주는 여자들이나 아이들 대여섯 명만 데리고 기계로 일하면 그 전에 건강한 남자 직조공들 100명이 일하는 것보다 더 많은 제품을 생산할 수 있었다. 또한 기계는 밤낮 없이 일할 수 있었고, 일이 없을 때는 비용을 들이지 않고 세워둘 수 있었다. 섬유기계 한대를 설치하자 100명이나 되는 도시의 수공업 직조공들이 졸지에 일자리를 잃었다.

기계를 가진 자가 100명의 굶주린 수공업 숙련공들에게 말한다.

"기계와 공장을 돌볼 사람 다섯 명이 필요하다. 얼마를 주면 일을 하겠는가?"

한 사람이 얼른 대답했다.

"그 전에 받았던 만큼 원합니다."

그러자 다른 사람이 말했다.

"저는 매일 빵 한 덩어리와 1킬로그램의 감자를 살 수 있으면 족합니다."

세 번째 사람이 말했다.

"빵 반 덩어리에 감자 500그램이면 일을 하겠습니다."

그러자 다른 사람들도 일제히 말했다.

"우리도 마찬가지입니다."

기계를 가진 자는 하루 빵 반 덩어리와 감자 500그램으로 일을 하겠다는 사람들만 남고 다른 사람들은 돌아가라고 했다. 몇 명이 남았고 또 몇 명은 떠났다. 남은 사람들에게 공장주는 말했다.

"여러분 좋습니다. 그런데 하루에 몇 시간이나 일하겠소?"

한 사람이 말했다.

"하루에 열 시간요."

다음 사람이 말했다.

"열두 시간요."

기계를 가진 자가 말했다.

"좋소. 열두 시간 일할 사람만 남으시오."

다시 몇 명은 남고 몇 명은 떠났다. 기계를 가진 자는 남은 사람들에게 또 다시 말했다.

"그런데 당신이 잠자는 동안 기계는 뭘 하지? 기계는 잠잘 필요가 없는데!"

남은 사람들 중 한 사람이 말했다.

"여덟 살 난 내 아들을 보내겠소."

기계를 가진 자가 물었다.

"애한테는 얼마를 주면 되지?"

그 사람은 절망에 찬 목소리로 말했다.

"버터와 빵 값만 주세요."

기계를 가진 자가 말했다.

"버터 값은 빼겠네."

다섯 명의 기계공 모집은 그렇게 끝났다. 그런데 시간이 지나자 이제는 직조공 500명의 일을 할 수 있는 새로운 기계들이 더 싼 값으로 등장했다. 게다가 노동자들에게 가장 적은 임금을 주는 악덕 공장주들이 생산한 제품의 가격이 가장 쌌기 때문에 도시의 소비자들은 악덕 공장주가 생산한 제품을 가장 많이 구입했다.

산업사회 초기의 이런 광경을 오늘날 와서 상상하면 기계를 가진 자들, 즉 자본가들의 횡포에 공분을 느낀다. 그러나 침착하게 생각해보자. 이제 방적공장은 컴퓨터 앞에 앉은 사무원 몇 명을 제외하면 육체근로자는 한 명도 고용하지 않고 완벽한 무인자동화 시스템으로 가동되고 있다. 지금 그 방적공장 노동자들의 후예들은 지금 어디서 어떻게 살고 있는가? 초기 산업사회보다 더 못사는가?

요즘 전세계적으로 아웃소싱이 활발히 추진되고 있다. 과거 선진국에서는 아이들이 음식을 먹다가 남기면 어머니들은 버릇없는 아이들에게 이렇게 꾸중했다.

"너희들은 음식을 남기면 안 돼. 지금 인도와 중국 같은 후진국에는 굶는 아이들도 있어. 하루 1달러로 사는 사람들도 많아."

그러나 요즘은 사정이 전혀 다르다. 선진국의 어머니들은 걱정한다.

"너희들이 공부를 좀더 열심히 하지 않으면 인도나 중국의 젊은이들이 보다 싼 임금으로 너희들의 일자리를 빼앗아갈 거야."

나의 일자리는 내가 지키지 못하면 기계가 빼앗아가든지 아니면 개발도상국의 다른 젊은이가 빼앗아간다. 일자리는 정부가 지켜주지 못한다.

02

미래를 지향한 일본,
과거를 사랑한 영국

제2차 세계대전 직후인 1940년대 후반, 영국과 일본 두 섬나라 중 향후 20년 뒤에 어느 나라가 전후戰後 경제를 더 잘 꾸려갈 것인가에 내기를 걸었다면, 누구라도 주저하지 않고 영국에 승부를 걸었을 것이다. 그 분석은 옳았으나 결과는 틀렸다.

영국은 산업혁명의 나라였을 뿐만 아니라, 제2차 세계대전 직후 영국의 산업은 새로운 공장, 신기술, 그리고 주도권을 잡은 일련의 신제품들을 개발한 상태여서 전후의 영국 경제는 런던 등 일부 지역을 제외하면 전쟁 전보다 더 탄탄한 상태였다.

영국은 승전국으로서 세계 어디서나 존경받았고, 제2차 세계대전 이전에 형성했던 전세계에 걸친 무역망과 자금줄을 그대로 유지하고 있었다. 영국은 일반적으로 기술과 교육 그리고 경제 측면에서 일본보다 수준이 더 높았다.

반면, 일본은 영국이 산업혁명을 시작한 지 약 100년 뒤인 1868년 메이지유신을 계기로 공업화를 시작했으며 게다가 일본의 산업은 제2차 세계대전 중에 크게 파괴되었다.

그로부터 20년이 지난 1960년대 후반, 사람들의 예측과는 달리 일본은 영국을 제치고 앞서 나갔다. 그렇게 된 한 가지 이유는, 영국은 자국의 경제정책을 주로 전통적인 국내경제를 유지하는데 집중한 반면, 일본은 세계경제의 움직임에 초점을 맞추어 자국의 경제정책을 결정했기 때문이다.

1960년대 영국의 '복지병'을 비난하는 것은 하나의 유행이었다. 그러나 일본도 영국이 자국의 근로자와 농부들에게 지급하는 사회보장비 지출에는 훨씬 못 미치지만 매우 경직성이 높은 복지제도인 '종신고용제도'를 실시하고 있었다. 따라서 전후 20년 동안 영국과 일본의 경제발전의 제한 요소나 발목을 잡는 요인은 전쟁으로 인한 파괴(일본)와 과잉 복지제도(영국) 때문이 아니었다. 두 나라의 경제발전의 근본적인 차이는 경제를 보는 기본적인 태도와 사고방식의 차이, 그리고 그에 따른 경제정책의 차이에 있었다.

일본인들을 포함해 모든 사람들은 다음과 같이 말할 것이다. "일본 사람들이 할 수 있는 선택은 무엇인가? 결국 일본경제는 국제무역에 의존해 있다. 그래서 국제경제가 발전한 것이다."

그러나 그것 또한 사실이 아니다. 사실 공업국들 가운데 일본은 무역 의존도가 가장 낮은 나라들 중 하나이다. 일본의 무역 의존도는 전후 70년이 지난 지금도 20퍼센트 미만이다. (우리나라는 70퍼센트에 가깝다.)

일본의 성장 비결은 노동의 이동에 있었다. 1940년대 후반 일본은 '어제의 일자리가 만드는 제품'이 아닌 '내일의 제품'에 자국의 생산적 자원이 투입되어야 한다는 사실을 분명히 인식했다. 더 나아가 그들은 내일의 모습이 어떠할지를 알려주는 것이 세계경제라는 것도 인식했다.

1940년대 후반에서 1960년대 후반 사이 20년 동안 일본은 세계경제 추세를 관찰 분석하고, 그 결과를 국내외 경제정책에 체계적으로 활용했다. 그리하여 국제무역 협상에 있어 일본은 오래된 산업을 보호하기 위해 시간을 낭비하지 않았고, 새로운 산업을 지원했다. 예를 들면 어떤 국가와 통상문제를 협의할 때 자국의 오래된 산업인 면직물, 자전거, 혹은 신발의 수출을 확대하기 위해 새로운 경쟁력 제품인 가전제품의 수출을 제한한 적이 없었다.

이와는 대조적으로 영국은 아무리 규모가 작다 해도 쇠퇴하는 어제의 산업을 상대국으로부터 양보받기 위해 자국의 첨단산업의 수출 제한을 제안했다. 그런 사고방식의 차이는 두 나라가 세계박람회나 무역전시회에 참가할 때 내세우는 주요 제품에서도 나타났다. 영국은 그 좋은 오래된 주력 상품들, 예를 들어 위스키, 모직물, 도자기 등을 크게 선전했다. 그것들 모두 뛰어난 품질의 제품이긴 했지만 하나같이 과거의 상품들이었다. 그러나 일본은 새로운 것을 내세웠다. 전자현미경, 선박, 합성섬유, 카메라, 테이프레코드, 트랜지스터 라디오 등이었다.

일본도 영국처럼 관료들이 경제를 통제하고 있다. 그러나 일본은 관료적 통제를 미래를 위해 활용했지만 영국은 주로 과거를 보호하기 위해 사용했다. 영국은 오래된 산업을 보호하기 위해 국유화하는 방식으로 나아갔다. 2차대전 후 영국은 석탄, 철도, 철강을 국유화했다(국유기업을 다시 민영화하기 위해서는 마가렛 대처라는 철의 여인의 등장을 기다려야만 했다). 비록 국유화하지는 않았지만 대부분의 면직물 산업을 보호했다.

반면 일본은 자본이 새로운 산업으로 가도록(그리고 오래된 산업으로는 가지 않도록) 하는데 관료적 통제방식을 이용했다. 일본은 교육받은 노동력이 새로운 산업에 더 많이 투입되도록 통제했다.

03

자유로운 노동 이동성을 허許하라!

매스컴 보도에 따르면, 지금 우리나라에 그냥 노는 사람이 약 1백만 명이고 고학력 실업자가 약 40만 명이라고 한다. 그리고 중소기업 현장에서 부족한 노동력은 약 20만 명으로 외국인 근로자가 더 들어와야 한다고 주장한다(2007년 기준). 말하자면 실업과 노동력 부족이 동시에 존재하고 있는 것이다.

그리고 한미 FTA 협상에 있어 농업을 비롯하여 피해를 보는 산업에 대해 피해보상을 어떻게 할 것인가 하는 논의도 많았다. 피해산업에 대한 대책은 여러 가지 있겠지만 크게 소극적 방법과 적극적 방법으로 나눌 수 있다.

소극적 방법의 대표적인 것은 피해산업을 계속 운영하는 기업들과 종사자들에게 보조금을 주는 것이다. 적극적인 방법은 노동 이동정책이다. 피해를 보는 산업의 노동력을 유망한 산업으로 이동시키고, 그리고 사양산업 영역에서 구인이 필요한 영역으로 이동시키는 것이다.

스웨덴 모델의 아버지father of the Swedish Model라고 불리는 스웨덴 노동조합 지도자 고스타 렌Gosta Rehn, 1913~1996은 제2차 세계대전 후 근로자의 이동의 필요성을 인식하고 이를 체계적으로 실천했다. 렌은 정부, 산업, 노동조합과 함께 일하면서 그 다음해 혹은 2년 후에 일자리가 남아돌 가능성이 있는 분야는 물론, 미래의 고용기회를 분석하고 예측했다. 렌은 필요할 경우, 근로자와 그 가족을 쇠퇴하는 마을을 떠나 성장하는 마을로 아예 이주하도록 권고했고, 정부는 그에 따른 이동 보조금을 지급했다.

렌의 이동정책은 쇠퇴하는 산업과 그 지역에 사람들을 머무르게 하면서 그곳의 산업을 보호하고 또 실업자에게 실업수당을 지급하는 것과 비교하면 국가 예산을 상당히 절감시킨 정책이었다. 그 결과, 1940년대 말~1960년대 말까지 20년 동안 다른 서구 국가들보다도 훨씬 더 급격한 산업변화를 겪은 스웨덴은 새로운 산업에 필요한 근로자들을 개발할 수 있었다. 동시에 스웨덴의 근로자들의 숫자, 근로자들의 기술, 생활수준, 직업만족도는 꾸준히 향상되었다.

농부와 숙련 노동자들은, 자신들이 과거에 누리던 영광된 지위를 회복하는 것까지는 바라지 않는다 해도, 자신들의 현재 위치를 지키기 위해서라도 그 자리에 눌러앉아 중앙정부와 지역 정치인들에게 큰 압력을 행사한다.

그렇게 해서 농업, 특정 제조업, 혹은 특정 지역이 중요하다는 식으로 직업별 경계선을 유지함으로써 앞으로 몇 년 간은 농업운동가와 특정 산업별 노동조합과 그 노동조합 지도자들의 일자리를 보장받는 것도 사실이다. 그러나 그런 식으로 해서 낙후 산업과 그 일자리가 급속히 파괴되는 것을 막을 수는 없다. 그것은 결국 그런 산업 종사자들과 조합원들이 재교육을 받을 기회를, 신기술을 습득할 기회를, 그리고 기존의 기술을 새로운 일에 적용하기 위한 기회를 박탈하는 것이다.

수도권의 공장 증설을 법으로 막거나 규제하는 것은 노동의 이동성을 막는 것일 뿐만 아니라 사양산업 지역에 보조금을 준다는 것을 의미한다. 보조금의 원천은 국민의 세금이다. 유망산업 지역이든 사양산업 지역이든, 그리고 도시든 농촌이든 간에 그곳에 남아 있는가, 혹은 떠나는가 하는 것은 본인이 결정할 문제이지, 진입규제 장벽을 치고 또 남아 있는 사람들에게 남아 있는 대가로 보조금을 지급하여 이동성을 막는 것은 잘못이다.

개방화, 정보화, 세계화 시대에는 이동성을 국가 정책의 목표로 삼아야 한다. 일하는 지역, 거주 지역, 직업선택 등에 변화가 가능하도록 해야 하고, 변화가 쉽도록 해야 하며, 가능한 한 고통이 적도록 해야 한다. 노동 이동에 대한 스웨덴의 보조금처럼, 피해를 입은 당사자가 다시 스스로 일어설 수 있도록 하는 데 보조금이 사용되어야 한다.

다른 어느 국가도 렌의 정책을 채택하지 못할 이유는 없다. 그러나 렌은 이동 보조금 지급을 한시적으로 시행했다. 어떤 보조금이든 조만간 한계에 부딪히게 되는데, 그 이유는 끊임없이 지급되는 보조금에 대해 비판 여론과 입법기관은 결국 인내심을 상실하게 되고, 보조금은 언제나 수혜자가 더 나약해지도록 만들고 또 과거보다 자활능력을 더 떨어뜨리기 때문이다. 그리고 보조금에는 항상 규제가 뒤따르기 마련인데, 그런 곳이면 늘 따라다니는 부패, 악용, 사기 등이 악취를 풍기기 때문이다.

04

현대판 노예제도, 황금 족쇄golden fetter

우리가 지금 농노農奴, serf라는 말을 들으면 노예라는 말과 마찬가지로 용어 자체에서 풍기는 어감 때문에 심한 반감을 느낀다. 그러나 모든 농노가 처음부터 억압적인 농노제의 철폐를 주장했다고 생각하는 것은 잘못된 생각이다. 농노제의 첫출발은 '피고용인 복지' 였다. 일종의 선의善意였다.

로마 제국 말기 농민들은 대부분 노예의 후손들로서, 처음에는 징세관에게서, 나중에는 야만족에게서 보호받기 위해 대지주와 귀족 등 유력인사들에게 의존하게 되었다. 콜로누수colonus라 불리던 이들 종속 농민은 유력인사들로부터 보호를 받는 대가로 자신들의 농지를 바쳤고, 충성을 맹세했으며, 거주 이전의 금지 등의 대가를 치러야 했다. 332년 로마 황제 콘스탄티누스는 콜로누스가 지주에게 제공하는 노동봉사를 합법화하는 법률까지 정했다. "신세를 지면 자유를 잃는다"는 것은 그런 의미였다.

중세 유럽에서도 농노제는 강력한 봉건영주와 수도원이 약자인 농민을 보호하는 유일한 방법이었다. 농노제는 가난한 사람들로 하여금 작은 토지라도 갖는 기쁨을 보장했고, 탐욕스런 세리稅吏들이 과도하게 세금과 지대를 거두는 횡포를 막아주었다. 그러나 궁극적으로 농노가 추구한 자기 이익, 다시 말해 영주와 수도원에게 베풀어 달라고 애걸한 혜택들이 곧 그들을 노예로 만들었다.

지주와 귀족과 수도원이 사라진 21세기, 이동의 자유에 대한 가장 위험한 제약은 경찰 봉쇄나 이민을 제한하는 법률이 아니다. 그것은 기업들이 근로자들에게 제공하는 혜택 같은 제약들이다. 오늘날 조직 이동성을 막는 가장 큰 장애물은 경영자들, 전문가들, 그리고 지식근로자들이 특정 고용주에게 얽매이게 하는 높은 급여, 스톡옵션, 실적에 따른 인센티브, 그리고 노동조합과 같은 '황금 족쇄'golden fetter이다. 사실 그런 혜택들은 종업원 자신들이 더 적극적으로 바라는 것이다. 하지만 그런 혜택들은 깊은 의심의 눈길로 검토하지 않으면 안 된다.

이동성을 막는 선의의 혜택들 중 하나가 직업별 노동조합craft union이다. 과거 미국과 영국의 경제성장에 가장 큰 걸림돌은 기존의 작업방식을 고수하는 것에 엄청난 혜택을 부여하는 직업별 노동조합이었다. 직업별 노동조합은 관할권을 행사하여 노조원들이 새로운 기술을 익히는 것을 원천적으로 금했으며, 동시에 자신들의 숙련 직업에 외부자들의 진입을 금했다. 20세기 초 노조가 테일러의 과학적 관리법을 배척한 것도 그런 이유였다.

경험으로 익힌 숙련기술craft skill은 숙련기능공craftsman 자신에게도 적敵이다. 숙련기술은 변하지 않는 것이고 숙련공은 이동할 수 없다고 선언함으로써, 직업별 노동조합은 점점 더 구성원들의 일자리를 줄여나갔고 또 구성원들의 증가를 막았다. 영국과 미국의 해운산업과 조선산업이 쇠퇴한 것도 그 때문이었다. 그후 조선산업은 일본으로 넘어갔고, 그 다음 일본에서 한국으로 왔다. 그리고 드디어 한국에서 중국 등 개발도상국으로 넘어가고 있는 중이다.

정부는 국민을 보호할 의무가 있다. 경제가 급변하는 시대에는 보호해야 할 필요성이 커질 것이고 또 합법적인 요구들이 발생한다. FTA 협상을 계기로 농업을 비롯하여 몇몇 피해를 보는 산업에 대한 지원이 논의되고 있다. 보조금은 취약점을 고치는 데 사용될 수 있다. 그러나 "보호한다"는 구실로 보조금을 계속 지급해서는 안 된다. 보호가 곧 족쇄였으며, 보호는 점점 떨쳐버리기 어려운 의존심을 키운다는 것이 역사의 교훈이다.

혁신과 기술 변화의 시대에는 정부가 새로운 정책들을 수립하도록 하는 수많은 요구가 발생한다. 새로운 정책을 수립해야 할 뿐만 아니라 기존의 규제를 철폐하기도 해야 한다. 특히 사회변화의 새로운 원동력으로서 신新산업이 급속히 등장하는 시대에는 정부의 정책은 기존의 산업분야에 투입된 자원이 좀더 생산성이 높은 분야로 이동하는 것을 방해하거나 금지해서는 안 된다.

이동 가능한 두 가지 자원, 즉 노동(특히 지식근로자)과 자본은 가장 생산적으로 이용될 수 있는 곳으로 이동될 수 있어야 하고, 어제의 일자리로부터 빠져나올 수 있어야만 한다. 사실, 이동성은 개인으로 하여금 일자리를 잃게 하거나 혹은 고용불안, 공포, 근심을 안겨준다. 그러나 고용이 보다 생산적인 곳에서 이루어질수록 원칙적으로 그것은 더욱 더 즐거운 것이며, 개인에게 더 많은 만족을 제공한다. 노동조합과 농업의 문제는 자원의 이동성이라는 차원에서 접근해야 한다.

05

갤브레이스 vs 드러커

20세기의 대표적 석학 두 사람이 2005년, 2006년 차례로 세상을 떠났다. 드러커와 갤브레이스가 그들이다.

존 케네스 갤브레이스(1908~2006)는 캐나다 태생의 경제학자로서 루스벨트, 트루먼, 케네디, 존슨, 그리고 클린턴 정부에 이르기까지 미국 민주당 정부의 경제정책에 깊숙이 관여했고, 케네디 정부 시절 주 인도 대사도 지냈다. 그는 문필력도 뛰어나서 케네디 대통령의 연설원고도 다수 대필했는데, 그 유명한 "국가가 당신을 위해 무엇을 할 수 있을지 묻지 말고, 당신이 국가를 위해 무엇을 할 수 있을지 생각하라"고 한 명문장의 원래 주인이기도 하다.

갤브레이스는 20세기 경제학자들 중에서 가장 많은 저서들을 출판했고 또 베스트셀러 저자 중 한 명으로 손꼽히는데, 그는 타계하기 2

년 전에 쓴 마지막 저서 《경제의 진실》에서 이렇게 결론을 내렸다. "시장체제란 사기詐欺다."

갤브레이스에 따르면 시장체제란 "자본가의 지배력과 노동자의 종속성을 은폐하고 독점과 착취, 자기 파괴적인 속성을 감춤으로써 자신들이 누리는 체제를 반대자들로부터 보호하려는 제도"라는 것이다. 신상품의 출하와 가격 책정을 좌우하는 것은 소비자가 아니다. 유명인을 등장시킨 광고와 엄청난 돈을 쏟아붓는 판촉은 소비자들을 유인하여, 결국 그들에게 막대한 광고비용을 전가한다. 따라서 자본주의 시장경제체제에서 등장하는 각종 구호들, 예를 들어 "소비자는 왕이다"라든가, 소비자 주권, 소비자 권력, 시장주권 등과 같은 것들에 토대를 둔 시장체제는 말하자면 "범죄는 아니지만 사기" innocent fraud라는 것이다. 갤브레이스는 1958년 《풍요한 사회》에서 과잉소비를 비판하면서 저축과 절약을 강조하는 전통적 지혜로 되돌아가자고 주장했다.

또 다른 석학 피터 드러커(1909~2005)는 오스트리아 태생으로 프랑크푸르트 대학에서 법학박사 학위를 취득하고 동 대학에서 강사를 지냈다. 나치 독일로부터 탈출한 이후 그의 경력을 나열하자면 무척 다양하고 또한 길다. 기자와 작가를 거쳐 GM과 GE 등에 컨설팅 활동을 했고, 조지 마셜의 특별 고문 자격으로 마셜플랜에, 그리고 아이젠하워 대통령의 교육정책에 자문했다. 여러 대학에서 정치학, 경제학, 경영학 등 사회과학 분야의 교수를 지냈고, 일본 미술을 강의했고 소설도 두 권을 썼으며, "경영학은 인문학이다"라고 주장했다. 드러커는 말년에 비영리단체의 활동에 관심을 집중했고, 스스로를 사회생태학자라고 불렀다.

흔히 드러커를 현대 경영학의 아버지라고 하는데, 그런 칭호를 받게 되는 출발점은 그가 경제학에서 경영학으로 전환하여 1954년《경영의 실제》를 발표하면서부터였다. 이 책에서 그는 "우리가 하는 사업이란 무엇인가?"라고 질문한다. 그리고 기업의 목적은 고객 창출이라고 결론을 내렸다.

드러커는 기업이 꼭 수행해야 할 두 가지 기능을 '혁신'과 '마케팅'이라고 주장했는데, "마케팅은 고객이 원하는 가치를 발견하는 활동"이라고 정의했다. 갤브레이스와 드러커는 닮은 점도 많고, 다른 점도 많다.

우선 갤브레이스(97세)와 드러커(95세)는 오래 살았다. 갤브레이스와 드러커 모두 말년에도 영향력을 행사했고, 전자는 클린턴 대통령으로부터, 후자는 부시 대통령으로부터 대통령 자유메달상을 받았다. 그리고 둘 다 주주중심주의와 스톡옵션 등 자본주의 체제의 한계에 대해 걱정했다.

두 사람은 다른 점도 많았다. 갤브레이스는 대표적인 케인지언으로서 정부의 역할을 강조했고, 드러커는 슘페터에 가까웠고 혁신과 기업가정신을 강조했다.

갤브레이스는 사람들은 보다 숭고한 정신의 소유자들higher minds의 결정을 따라야 한다고 주장했고, 드러커는 지식근로자knowledge worker 개인이 스스로 선택하고 역할을 수행하고 또 책임을 져야 한다고 주장했다.

갤브레이스는 시장체제에서 생산과 판매에 권력을 쥔 쪽은 소비자가 아니라 생산자이므로 생산자 권력이 오히려 실체에 부합한다고 주장했으나, 드러커는 정보와 지식의 확산으로 권력의 중심은 소비자 쪽으로 이동했다고 주장했다.

그리고 갤브레이스는 "어리석지만 큰 집단을 이룬 사람들의 힘을 절대로 얕보지 말라"는 말을 했고, 드러커는 1946년 한 잡지에 "산업평화를 위해 필요로 하는 것은 새로운 과학이지 이념이 아니다"라고 갈파했다.

말하자면 갤브레이스는 산업사회의 문제에, 드러커는 지식사회의 기회에 초점을 맞추었다.

06

노년의 자유를 원한다면 자기관리를 시작하라

피라미드 건설공사에 동원된 이집트 일꾼들의 평균 수명은 30세 정도였을 것으로 추정된다. 그런데 피라미드들 중 가장 규모가 큰 쿠프왕의 것은 공사 기간이 20년이 넘었다고 한다. 만약 어느 일꾼이 15세부터 일을 했다면 그는 평생 같은 일만 하다가 일의 끝을 보지도 못하고 세상을 떠났을 것이다.

이집트 시대로부터 2천 년이 지난 20세기 초 미국인의 평균 수명은 41세였다니, 인간의 수명은 그다지 빠르게 늘어나지 않았다. 그러나 21세기 초 우리나라 남자의 평균 수명은 80세에 가깝고, 여자는 80세가 훨씬 넘었다. 한 세기만에 인간의 수명은 이전 2천 년 동안 증가한 것보다 더 많이 늘어난 셈이다.

수명이 갑자기 늘어나는 데 가장 크게 기여한 것은 무엇인가? 의

학자들은 의학기술의 발달로 천연두와 콜레라와 흑사병 같은 유행병을 거의 퇴치했기 때문이라고 주장할 것이다. 농업관련 종사자들은 농업기술의 획기적인 발달로 식량의 대량생산이 가능해졌고 영양상태가 개선되었기 때문이라고 주장할 것이다. 틀림없이 맞는 주장이다.

그러나 그런 거창한 기술 발달보다도 더 중요한 것은 어쩌면 사소하지만 의미 있는 깨달음 덕분이었다. 예를 들어 사람들은 마을의 공동 화장실 때문에 공동 우물이 오염된다는 사실을 인식하고 화장실을 우물보다도 훨씬 더 낮은 곳에 만들었다. 이런 결정은 사람들이 질병에 감염되는 것을 크게 예방했다. 그리고 가을 들판에 쌓아둔 곡식을 쥐와 곤충들이 먹어치우고, 곡식의 이동 중에 손실이 발생하는 것을 인식하고 시멘트로 된 공동 창고를 만들어 저장하거나 운반도구를 튼튼히 한 것은 식량 증산에 있어서 농업기술 발달에 버금가는 큰 기여를 했다.

"정보가 힘이다"라는 말이 무색할 정도로 정보는 이미 소수 특권층의 전유물이 아니다. 구글의 등장으로 이제 "몰랐다"는 변명은 통하지 않게 되었다. 내세를 준비하면서 참고 살도록 훈련받은 중세 사람들이 21세기 세상을 봤다면 영락없는 유토피아로 여길지도 모른다. 노동자들도 힘든 육체노동으로부터 벗어나 오래 살면서 예술과 문화와 스포츠를 즐기고 있으니 말이다.

하지만 오래 사는 것이 축복이기만 한 것은 아니다. 때로는 '너무 오래 사는 위험'에 직면하게 된다. 20세기 초만 해도 부모가 보험을 드는 것은 주로 자신들이 너무 일찍 사망할 경우에 대비해 자식들의 교육을 위해 드는 교육보험 또는 '사망보험' 이었다. 지금은 반대로 너무 오래 살면서 자식들에게 얹혀살지 않기 위해, 좀더 솔직히 말해 자식들에게 버림 받아도 생존하는데 지장이 없도록 '노후보험' 을 들고 있다.

한 성직자가 운영하는 지방의 어느 사회복지 시설에서 주말 예배가 끝나고 나면 간혹 치매에 걸린 부모를 그대로 두고 가는 일이 발생한다고 한다. 해서 요즘 그 성직자는 예배 말미에 "오늘 모시고 온 부모님을 잘 모시고 돌아가십시오"라고 의도적으로 강조한다는 얘기를 들었다.

오래 살다보면 노욕老慾이 생긴다. 자식이나 손자가 먼저 세상을 떠나는 슬픔도 맛보게 된다. 게다가 평생 의료비 중 95퍼센트를 말년 5년 동안 지출한다는 통계도 있다. 열심히 일만 하다가 은퇴한 사람들 중에는 마치 금단현상처럼 할 일이 없어서 불안해하는 경우도 생긴다. 말하자면 '오래 산다는 것' 은 위험한 일이다.

최근에 읽은 노후에 관한 책에 이런 대목이 있었다. 대기업의 임원으로 재직하다가 은퇴한 두 친구가 있었다. 한 친구가 자랑스럽게 말했다.

"내년에는 어떤 장학재단의 회장직을 맡을 예정인데 직원들도 몇 명 있어."

다른 친구는 그것이 별로 부럽지 않다는 듯이 대꾸했다.

"앞으로 나는 사람을 거느리는 일이면 어떤 일도 하지 않으려고 마음먹었어. 사람들과 다투는 일은 이제 지긋지긋해."

억지로 다른 사람들과 함께 일하지 않아도 된다는 것이 얼마나 자유스러운 일인가. 그 자유로움을 모르는 사람들도 있을 것이다. 은퇴를 하고나면 무엇이든 할 수 있고, 아름다운 노후를 즐길 수 있는 자유를 얻는다. 그러나 노년의 자유를 즐기기 위해서는 미리부터 자기관리가 필요하다.

07

우리의 경쟁자는 누구인가?
: 시장점유율에서 시간점유율로

얼마 전 고어텍스와 같은 고기능성 섬유를 원재료로 하여 스포츠 및 아웃도어 의류를 생산 판매하는 회사의 전략회의에 참석한 적이 있다. 전략회의의 주제는 "우리 회사의 경쟁자는 누구인가?" 하는 것이었다. 스포츠 및 아웃도어 의류를 생산하는 회사들은 많다. 노스 페이스, 에이글, 나이키, 아디다스 등 세계적인 브랜드를 비롯해 국내외에서 엄청나게 많은 회사들이 가히 생존경쟁을 벌이고 있다.

일차적으로 모든 산업은 동종 업계의 수많은 회사들끼리 가격, 품질, 원가 등을 중심으로 치열하게 경쟁한다. 그러나 경쟁자는 과연 동종업계의 타 회사들뿐일까?

오랜 회의 끝에 우리는 아웃도어 의류 생산업자의 주요 경쟁자는 게임 기능이 달린 휴대폰이라는 결론을 얻었다. 이유는 이렇다. 벤츠와 BMW 혹은 캐딜락 같은 고급 자동차들은 저가 자동차와는 경쟁관계에 있지 않다는 것은 분명하다. 고급 자동차가 팔리는 주요 이유는 수송수단으로써가 아니라, 고급스런 만족감 때문이다. 따라서 고급 자동차는 '고객의 돈'을 놓고 밍크코트, 보석, 고급 휴양지에서의 멋진 휴가 등과 치열하게 경쟁한다.

한 가지 예를 더 들어보자. 1950년대 미국의 볼링장비 제조업자들은 미국 시민들의 소득이 높아지고 회사의 근무시간이 단축되면 가족 단위의 여가활동이 늘어날 것임을 알아차렸다. 볼링장비 제조업자가 자유시간 시장free time market의 잠재력과 성장 가능성을 가장 먼저 인식하고 가족단위 활동으로 볼링을 적극적으로 광고선전한 것이 볼링 산업이 1950년대 크게 성공한 이유이다.

그런데 1960년대 볼링장비 산업이 갑자기 쇠퇴하게 되었다. 흥미로운 사실은 볼링장비 제조업자들이 열심히 영업활동을 안 해서 그리 된 것이 아니라는 사실이다. 오히려 그 반대로 볼링장비 제조업자들은 보다 나은 성능과 품질의 장비를 개발하려고 엄청난 자원을 투입했고, 가격을 낮추기 위한 원가절감에도 성공했다. 그럼에도 불구하고 볼링은 여가활동 시장activities market에서 서서히 밀려나고 말았다. 그 이유는 그들이 경쟁자를 동업종의 타 회사로만 보았고, '활동의 즐거움'을 제공하는 다른 공급자들을 경쟁자로 인식하지 못했기 때문이었다.

볼링장비 제조업자는 사실 동업 타사들과만 경쟁하는 것이 아니다. 그들은 도시민의 자유시간을 두고 다른 모든 활동들과 경쟁한다. 볼링장 주인은 캠핑과 등산을 비롯한 야외활동, 보트타기, 잔디깎기, 영화관, 서점, 레스토랑, 심지어 대학의 최고경영자 과정 등과 자유시간 빼앗기 경쟁을 한다. 그런 활동들은 지금까지는 볼링과 같은 범주에 속한다고 여겨진 적이 없는 재화와 서비스들이지만, 시간 빼앗기에 관한 한 경쟁자들이다.

이런 활동들은 돈보다도 더 귀한 것, 즉 자유시간을 필요로 한다. 석사학위를 취득하려고 저녁 시간을 활용하는 젊은 엔지니어나 중간관리자는 볼링을 치러 갈 시간이 없다. 게다가 볼링장비 제조업자들은 새로운 다른 활동들, 예를 들어 인라인 스케이팅이나 산악자전거 타기가 고객의 자유시간을 빼앗고 있다는 사실조차 인식하지 못했기 때문에 볼링장비를 대체할 새로운 활동장비를 개발하지도 못했다.

여가활동 시장에서는 사람들은 물건을 소유하기 위해 구입하는 것이 아니라, 그 물건을 사용하기 위해 구입한다. 따라서 사람들이 재화(볼링장비)를 구입할 것인가, 아니면 서비스(야간대학원 수강)를 받을 것인가를 결정할 때, 그들의 판단에 영향을 미치는 요소는 그들이 얼마나 많은 돈을 지출할 수 있는가 하는 것도 물론 중요하지만, 그런 활동을 할 시간이 있는가, 그리고 사용시간은 어느 정도인가 하는 것이 더 중요하다. 말하자면 구매시점에서 가장 중요한 선택기준이 되는 것은 바로 '시간' 이다.

아웃도어 의류를 구입하는 고객이 돈과 시간을 들여 추구하는 것은 아웃도어 의류를 입고 야외에서 '여가를 즐기는 만족' 이지, '의류를 소유하는 만족' 이 아니다.

따라서 아웃도어 의류업체들은 외관상 전혀 다른 기능을 수행하는 것처럼 보이는 제품이라도 고객에게 동일한 '여가를 즐기는 만족'을 제공하는 수단을 가진 다른 재화나 서비스와 치열하게 경쟁한다. 그 중 가장 막강한 경쟁자는 아웃도어 활동이 아니라, 전천후 실내외 활동인 컴퓨터 게임이다. 따라서 아웃도어 의류회사의 주요 경쟁자는 동 업종의 다른 회사가 아니라 게임 기능이 내장된 휴대폰인 것이다.

08

성공을 넘어 공헌으로 : 방법은 무엇인가?

피터 드러커는 휴머니스트였다. 그는 "경영은 인간의 삶을 위한 것"이라고 역설했다. 드러커가 경영학을 연구한 최종 목표는 '지상에서 행복한 삶의 실현' 이었다. 개인이 행복해지려면 무엇보다도 경제적 안정과 물질의 소비수준 향상이 필요하다. 드러커는 나치의 비인간적인 행동과 결과를 직접 관찰했고, 물질의 소비수준 향상은 전체주의 정치경제체제 하에서는 불가능하다는 사실을 간파하고 독일을 탈출했다.

드러커는 2007년 엘리자베스 에더샤임이 펴낸 《마지막 통찰》에서, 21세기에도 기업이 이윤을 올리고 번영하여 경제적 결과를 산출하는, 다시 말해 인간이 지구상에서 행복한 삶을 살도록 해주는 기관으로서 기업이 살아남으려면 21세기의 기업 환경을 직시하고 그에 경영방식을 적응해야 한다고 말했다.

결론적으로 드러커가 말하는 '마지막 통찰'은 '성공하려는 의지' will to succeed에서 '공헌하려는 의지' will to contribute로 초점을 바꿔야 한다는 것이다. 지식사회의 근로자들은 모두 생산수단인 지식을 보유하고 있다. 그 지식을 기업에서, 사회에서 어떻게 사용하는가 하는 것이 곧 공헌 의지이다.

1979년 시어도어 슐츠Theodore William Schultz, 1902~1998와 공동으로 노벨경제학상을 수상한 아서 루이스Sir William Arthur Lewis, 1915~1991는 한 국가가 보다 잘살려면 육체노동자가 '경제하려는 의지' will to economize를 갖고 있어야 한다고 분석했다. '경제하려는 의지'는 곧 경제적으로 성공하려는 의지이다. 드러커는, 21세기 지식근로자는 루이스가 말하는 '경제하려는 의지'를 넘어 이제 '공헌하려는 의지'를 가져야 한다고 역설했다.

드러커는 한편으로 지식사회에서는 지식근로자가 중심 노동력이므로 가능한 한 정부의 간섭을 줄이고 지식근로자의 창의성을 이끌어내라고 주장했다. 또한 지식근로자들은 과거에는 한번도 해본 적이 없는 질문, 즉 "나는 무엇에 공헌해야 하는가?"라고 스스로 질문하고 대답해야 한다고 권고했다.

다시 말해, 지식을 가진 사람은 자신의 개인적인 '성공'을 넘어 보다 매력적이고 보다 나은, 그리고 더 기능적인 사회가 되도록 '공헌'해야 한다는 것이다. 즉 "성공을 넘어 공헌으로"(from success to contribution)라는 점을 강조했다. '좋은 것' good은 '위대한 것' great에 방해가 된다. 빗대어 말하면 개인적인 '성공'에만 집착하는 것은 '공헌'에 방해가 된다. 자본주의에 대한 좌파의 비판은 자본주의가 생산성이 낮아서가 아니라 도덕과 윤리와 관련된 문제이다. 자유민주주의가 살아남으려면 자유경쟁을 통해 얻은 결과를 사회를 위해 공헌해야 한다는 의미이다.

오늘날에는 지식과 지식을 결합하여 또 다른 지식을 창출하는 지식혁명이 일어나고 있다. 지식혁명이 과거 공산혁명이나 전체주의 혁명과 다른 가장 큰 특징은 피를 흘리지 않는다는 점이다.

그러면 지식근로자와 지식기업은 어떻게 공헌하는가? 드러커의 경영전략을 연구한 엘리자베스 에더샤임은 21세기의 기업환경을 레고 블럭으로 구성된 레고 월드Lego World로 보고, 지식기업의 행동을 레고 조각들을 이용하여 다양한 모형을 만드는 행동에 비유하여 설명했다. 개인이나 기업은 자신이 가진 레고 조각들로 무엇을 만들 수 있는지 아는 것이 중요하다는 것이다.

드러커는 "더 이상 경쟁자들과 협력자들을 엄격하게 구별할 수 없다"고 했다. 경쟁사와 협력하기도 하고 협력사와 경쟁하기도 한다. 경쟁자에게 초점을 맞추는 '과거형 기업'은 사라지고 서로 협력하는 기업만이 살아남는다고 드러커는 주장했다.

이제는 여러 방식으로 조합될 수 있는 더 많은 선택 방법들과 더 나은 해결책들이 있을 뿐이다. 그렇게 하려면 자신이 가진 레고 중에 수준이 떨어지는 것은 버리거나 다른 사람에게 주어야 한다. 말하자면 혁신의 시작은 역량이 떨어지는 자원을 더 늦기 전에 버리는 것이다. 그런 다음 기업이나 개인은 자신의 강점을 바탕으로 조직과 사회에 공헌할 수가 있다. 기능의 진화가 빠른 휴대폰 시장의 경우,

여러 기업들이 다양한 기능들(전화, TV, 게임, MP3, 인터넷 등)로써 경쟁하는 것이 아니라 협력을 통해 고객의 욕구를 수용하거나 앞서 제시하고 있다.

드러커는 일찍이 '고객이 기업의 중심'이라는 사실을 알았다. 고객에게 외면당하는 기업은 살아남지 못하므로 "기업의 목적은 고객 창출"이라고 갈파했다.

드러커는 컨설팅 의뢰인들에게 "당신의 사업은 무엇인가?" "당신의 고객은 누구인가?" "고객은 무엇을 가치 있는 것으로 생각하는가?"부터 물었다. 무엇이 문제인지 모를 때가 진정 문제이지, 질문을 알게 되면 대답을 구할 수 있다.

드러커의 질문은 간단해 보이지만 실제는 그렇지 않다. 1990년대 IT기술의 확산으로 정보가 범람하고, 회사와 고객은 공간적 제한을 넘어 접촉하고, 회사 안팎을 구분하던 벽들이 무너지고, 고객이 권력자로 떠오르며 회사를 통제하기 때문에 21세기 고객은 더 이상 수동적이지 않다.

앞으로는 '생산수단이 된 지식들'을 다른 방식으로 연결하는 능력, 지식을 다른 지식들과 통섭하는 역량, 그리고 지식을 고객과 결합하는 능력의 보유 여부가 기업의 성패를 좌우하게 될 것이다.

09

전체주의의 종말을 예견하다

피터 드러커는 1939년에 첫 저서 《경제인의 종말》을 발표했다. 이 책에서 드러커는 그리스 로마의 지적 전통과 기독교 신앙에서 나온 '자유와 평등'을 최상의 가치로 삼는 유럽인들이 전체주의(독일에서는 나치, 이탈리아에서는 파시스트)를 허용하고 찬미한 이유가 무엇인지 분석했다.

유럽인들은 제1차 세계대전과 1929년 대공황을 겪으면서 (자본주의도 사회주의도 자유와 평등을 이루지 못한다는 것을 깨닫고) 전쟁과 실업의 공포를 해결해준다면 그 대가로 자유와 평등도 포기하고 전체주의를 수용하겠다고 오판했다는 것이 드러커의 결론이다.

《경제인의 종말》은 1938년 뮌헨조약 후 채 몇 달이 지나기도 전에 히틀러는 '달랠 수 있는' 존재가 아니라고 분석했고, 히틀러의 전체주의와 스탈린의 공산주의가 곧 서로 협력할 것이라고 예측했다. 히틀러와 무솔리니는 개인의 자유를 억압하는 국가 중심의 전체주의를 추진하고 또 실업문제를 해결하기 위해 국민 모두를 군인으로 만드는 군국주의를 지향하고 있는데, 군국주의란 곧 전쟁을 준비하는 것이고 그 결과 제2차 세계대전이 발발할 것으로 분석하고 예측했다. 몇 년 후 드러커의 분석과 예측은 적중했다.

18세기 중엽 시작된 자본주의는 자유경쟁과 합리성에 기초한 '경제인 개념'을 바탕으로 한 세기 이상에 걸쳐 발달한 결과로 경제적 번영을 누리게 되었다. 그러자 유럽 사람들은 경제적 성취를 가져다 준 경제적 자유는 그것 자체로 좋은 것이라고 생각했다.

하지만 경제적 자유는 자본주의 이전의 구질서 아래에서 고통을 받는 사람들, 즉 기능공들과 농노들에게는 좋은 것으로 인식되지 않았다. 그런 사람들에게 경제적 자유는 오직 두려움만 안겨줄 뿐이었다. 경제적 자유는 그들의 얼마 되지도 않는 상속 농토, 시장을 보호해 주던 관세 장벽, 길드가 유지하던 최저 임금을 포기하도록 강요했다. 그럼에도 불구하고 유럽인들이 경제적 자유를 받아들인 것은 자본주의가 궁극적으로 사회적 경제적 평등을 이룩한다고 약속했기 때문이다.

그러나 산업사회의 현실은 불평등했다. 불평등에 대한 해결책으로 자본가와 부르주아의 재산을 빼앗아 프롤레타리아에게 분배함으로써 계급 없는 사회를 만들겠다며 마르크스 사회주의가 등장했다. 마르크스주의, 즉 공산주의도 경제인 개념을 바탕으로 했다. 다만 자본주의가 개인의 사적 이익에 초점을 맞춘 반면, 공산주의는 노동자

계급의 이익에 초점을 맞춘다. 하지만 공산주의는 공산당이라는 특권계층을 만들어 평등은 물론이고 자유마저도 희생시켰고, 오히려 한층 더 불평등한 계급사회가 되었다.

공산주의가 사실상 막을 내린 것은 제1차 세계대전이 발발한 날이다. 마르크스는 "만국의 노동자여 단결하라!"고 외쳤지만 전쟁이 일어나자 노동자들로 구성된 각국의 군대는 역시 노동자들로 구성된 상대국의 군대에게 서로 총을 쏘았다. 국제 노동자들은 단결한 것이 아니라 생사를 건 경쟁을 했던 것이다. 그 점은 지금도 마찬가지이다. 일각에서는 신자본주의의 세계화를 막기 위해 전세계 노동자들이 단합해야 한다고 주장하지만 현실은 각국의 노동자는 생산성 향상 경쟁을 벌이고 있다.

《경제인의 종말》은 출간 직후 정치가들과 일반 독자에게 큰 반향을 일으켰다. 당시 야인으로 있던 처칠은 이 책을 추천하는 서평을 썼고, 나중에 총리가 되자 사관학교를 졸업하는 모든 초급장교에게 이 책을 배부했다. 결국 처칠의 등장으로 유럽은 전체주의의 손아귀를 벗어나 자유와 평등이 다시 서구의 이념이 되었다.

드러커가 이런 통찰력 있는 책을 쓴 것은 1929년부터 약 3년간 프랑크푸르트에서 기자생활을 하면서 히틀러와 괴벨스의 연설을 듣고 직접 인터뷰를 했기 때문이었다.

괴벨스는 "농산물 가격의 인상으로 농민은 소득을 올리고, 도시의 노동자는 빵값의 인하로 생활비를 줄이도록 하겠다"고 주장했다. 이 말은 분명 모순이었지만 청중들은 그런 거짓 선전술에 오히려 열광했다. 대부분의 기자들은 나치의 선전을 기껏 선거용 슬로건으로 받아들인 반면, 드러커는 나치즘의 폭풍이 곧 불어닥칠 것이라고 판단했다. 드러커는 나치의 위험성에 대해 경고했다. 하지만 드러커는 주위 사람들로부터 "사람이 순진하기는… 쯧쯧…"하고 타박을 받았을 뿐이다.

1930년대 전쟁과 실업을 막아준다는 약속만으로 자유와 평등을 포기하고 전체주의에 가담했던 일부 유럽인들처럼, 오늘날 우리도 '민족' '통일'이라는 슬로건 아래 자유와 평등을 포기하겠다는 사람이 있을지도 모르겠다.

Peter F. Drucker 

10

마르크스, 짐멜, 그리고 드러커

독일의 사회학자 게오르크 짐멜Georg Simmel, 1858~1918은 생전에는 사회학계에서 소외당했던 인물이다. 당시의 주류 사회학자들과 달리, 짐멜은 사회를 수많은 개인들이 상호작용으로 연결된 상태라고 규정했기 때문이다. 그러나 거대 담론이 아닌 미시적 관점으로 사회를 파악하려 한 짐멜의 시도는 1980년대 이후에 새롭게 조명을 받게 되었고, 그는 지금 막스 베버Max Weber, 1864~1920와 같은 반열에 올라 있다.

짐멜의 최대 연구주제는 돈과 노동이었다. 1900년 발간된 짐멜의 역작 《돈의 철학》은 이 분야에 관심을 가진 학자라면 반드시 읽어야 할 고전이다. 돈이라는 매개체를 통하게 되면 인간의 인품은 상실된다. 예를 들면 우유배달부, 슈퍼마켓 점원, 은행원의 경우, 그들이 우리들과 맺게 되는 인간관계란 돈을 매개로 하여 이루어지며, 그 외 다른 인간관계는 모두 무의미해진다. 사람들은 새벽에 우유를 배달해 주는 배달원의 고마움, 고달픈 아르바이트를 하는 착한 대학생, 돈을 빌려주는 사람의 너그러운 인품에 이끌려 그들과 인간관계를 맺는 것이 아니다. 화폐의 교환기능 덕분에 인간관계를 맺는다.

이런 생각은 1776년 애덤 스미스Adam Smith, 1723~1790가 《국부론》에서 서술한 내용과 일치한다. 《국부론》에서 스미스는 인간사회는 동정심은 없어도 존속할 수 있으나, 개개인의 이기주의적인 이해관계에 기반한 정의正義가 없이는 존속할 수 없음을 지적했다. "우리들이 푸줏간, 양조장, 빵가게에서 고기, 술, 빵을 살 때 그것은 푸줏간과 양조장과 빵가게 주인들이 온정과 동정심과 선심을 갖고 있기 때문이 아니라, 그들의 물질적인 이해관계, 즉 그들의 돈벌이를 우리가 도와주기 때문에 거래를 한다. 그들은 인정에 이끌려서가 아니라 그들 자신의 자기애自己愛를 충족시키기 위해서 상거래를 하고 있을 뿐이다."

화폐경제 이전 사회에서 인간관계는 단순했고, 질적인 면에서는 인정이 중심이었기 때문에 어느 특정인과의 인간관계를 다른 어떤 관계로 대체할 수 없었다. 그러나 화폐경제 사회가 도래하면서 특정인을 향한 온정에 넘친 인간관계는 자취를 감추게 되고, 화폐를 매개로 모든 인간에게 똑같이 적용되는 차가운 인간관계로 변하게 된다는 것이 짐멜의 통찰이다.

피터 드러커의 출발은 경제학자였다. 1939년 최초의 저서 《경제인의 종말》로 드러커는 미국의 경제학회와 정치학회의 회원이 되었다. 그러나 1950년대 초 뉴욕대학교에서 드러커는 경영학을 가르치게 되는데, 같은 학교에 근무하던 루드비히 폰 미제스Ludwig von Mises, 1881~1973는 거시적 경제학에서, 수준 낮은 미시적 경영학으로 전향한 드러커를 매우 힐난했다.

그때 드러커는 "인간의 행복은 물질의 소비수준의 증가"에 달렸고, 물질의 생산을 증가하는 주체는 기업이므로 자신은 기업 경영을 연구한다고 대답했다.

50년이 지난 지금 드러커는 현대 경영학의 아버지로 평가받고 있다. 드러커는 기업의 목적은 고객을 창출하는 것이라고 주장했다. 여기서의 고객이란 짐멜이 말하는 모든 인간에게 똑같이 적용되는 차가운 인간관계의 고객이지, 따뜻한 주변의 친한 사람들을 지칭하는 것이 아니다.

드러커는 젊은 시절 런던의 베른하임 백화점 사주로부터 "물건의 가격은 옆 가게보다 단 10센트라도 싸게 하고 물건이 잘 보이도록 진열해야 한다"는 말을 듣고 큰 교훈을 얻었다. 우리 속담에 "삼촌 떡도 싸야 사먹는다"는 논리와 같다. 드러커에 따르면 경영학은 인간의 소비수준을 향상시키는 학문이다. 현대 마케팅의 아버지라고 불리는 필립 코틀러는 이런 드러커를 '현대 마케팅의 조부'라고 칭송했다.

1818년에 태어난 마르크스Karl Marx, 1818~1883는 평등을 달성하기 위해서 가진 자의 재산을 빼앗아 노동자에게 나누어 주는 방법을 고안했다. 1858년에 태어난 짐멜은 "돈을 소유한 인간은 노동과 투쟁의 단계를 벗어나 문화적인 것과 삶의 양식에 관심을 갖게 된다"고 했다. 1909년에 태어난 드러커는 근로자가 돈을 벌고 부유해지는 방법을 연구했다.

11

무엇을 물려준다고?

피터 드러커에게 배울 점 한 가지는 '현대 경영학의 아버지 혹은 창시자' 라는 말을 들으면서도 스스로 도그마에 빠지지 않았다는 점이다.

필자는 언젠가 드러커에게 그의 경영사상의 후계자가 누구인지 물은 적이 있다. 이에 대해 드러커는 짧게 "No"라고 대답했다. 드러커는 수십 년 동안 강의를 했고, 여러 권의 책을 남겼으며, 또 컨설팅을 했으므로 자신의 강의를 들은 제자들과 컨설팅을 받은 사람들, 그리고 그를 만나거나 책을 읽고 영향을 받은 사람들이 있을 뿐 뚜렷하게 지적 후계자를 남기지 않았다. 드러커는 무덤도 만들지 않았다. 사람을 귀찮게 하지 않으려는 생각이었는지도 모른다.

지적 후계자에 대한 드러커의 관점은 독일의 사회학자 게오르크

짐멜과 유사하다. 짐멜은 뚜렷한 제자를 두지도 않았고 학파를 구성하지도 않았다. 짐멜의 아웃사이더 의식은 세상을 뜨기 얼마 전에 남긴 일기에 잘 나타나 있다. "나는 내가 지적인 상속자 없이 죽을 것이라는 점, 그리고 또 그래야만 한다는 것을 안다. 말하자면 나의 유산은 많은 상속자들에게 현금으로 배분될 것이며 그들은 각자의 몫을 자신의 성격에 맞도록 바꾸어 사용하게 될 것이다."

토머스 제퍼슨Thomas Jefferson, 1751~1836은 자신의 긴 생애를 마감할 무렵 "어느 세대나 그 세대를 위한 새로운 혁명이 필요하다"고 결론을 내렸다. 동시대 독일의 위대한 시인 괴테Wolfgang Goethe, 1749~1832도 비록 극단적인 보수주의자였지만, 만년에는 "한때는 그다지도 합리적이었던 것이 이제는 무의미해지고, 은혜는 재앙의 씨앗이 될지니…" 라며 제퍼슨과 같은 심정을 토로했다. 제퍼슨과 괴테 두 사람 다 계몽주의와 프랑스혁명의 유산에 대해 그들 세대가 품고 있는 환멸을 이런 식으로 표현했던 것이다.

모든 이론, 가치, 그리고 인간의 머리와 손이 만들어낸 모든 가공품은 낡고 경직되며, 진부화되고는 결국 재앙의 씨앗이 된다. 오랜 시간이 걸리기는 하겠지만 중력의 법칙에 따라 모든 건물은 무너진다. 따라서 경영혁신과 기업가정신은 제퍼슨과 괴테가 각각의 세대가 실현하기를 바랐던 것을, 유혈사태, 내전, 문화대혁명, 혹은 강제수용소도 없이, 그리고 경제적 파국을 일으키지 않고도 실현하도록 한다.

따라서 경영혁신과 기업가정신은 경제에서 필요한 것만큼 사회에서도 필요하고, 영리조직에서 필요한 것만큼 공공서비스 기관에서도 필요하다. 경영혁신과 기업가정신은 '한 번에 한 걸음씩', 즉 여기에는 이 제품, 저기에는 저 정책, 다른 쪽에는 다른 공공서비스라는 식으로 추진하는 것이다.

드러커는 철도에서 인터넷까지, 즉 산업사회에서 지식사회의 초기에 이르기까지는 자신의 이론과 통찰이 들어맞았지만, 그후에는 새로운 통찰이 필요하다고 말하고 떠났다. "한 시대에는 그 시대의 예술을, 그 예술에는 그 자유를"이라고 외친 빈의 분리파Secession 예술가처럼 말이다.

조금 비약하자면, 드러커는 자신의 생각과 이론과 주장도 결국 혁신의 대상이 되고, 마치 자신이 과학적 관리법의 아버지 프레더릭 테일러Frederick Taylor, 1856~1915를 재평가하고 또한 초월했듯이, 현대경영학에도 학문적 기업가정신을 가진 누군가가 나타나 새로운 사회와 현실에 적합한 새로운 생각과 이론이 나와야 한다는 것을 암시하고 있다. 성공회 신자였던 드러커는 아마도 자기 자신이 예레미아서(23:16)에 나오는 거짓 선지자가 되고 싶지 않았을 것이다. "너희에게 예언하는 거짓 선지자들을 믿지 말라. 그들이 말하는 묵시는 자기 마음으로 말미암은 것이요, 여호와의 입에서 나온 것이 아니니라."

꽤나 유명했던 어떤 사람이 죽었다. 유족은 유품 속에서 망자의 일기를 발견했다. 자식들은 그것을 관에 넣어야 할지, 태워버려야 할지, 책으로 남겨야 할지 큰 고민을 했다. 대체로 유품은 남아 있는 유족들에게 때로는 고민을, 심지어는 실망을 안겨주게 된다. 죽은 자가 산 자의 할 일과 갈 길을 정해주는 것은 아니다.

12

내 인생 최고의 책, 《레 미제라블》

내가 어릴 때 가장 감명 받았고 또 오랫동안 나의 머릿속을 떠나지 않은 책 한 권을 선택한다면, 그리고 청소년들에게 읽기를 권하고 싶은 책 한 권을 손꼽는다면 그것은 단연코 빅토르 위고의 《레 미제라블》이다. 대하소설 《레 미제라블》은 아동용 만화에서부터 영화로, 뮤지컬로 너무도 잘 알려져 있어 우리나라 사람 "누구나 다 아는 책이지만 누구도 제대로 읽지 않은 책"일는지도 모른다.

이 소설은, 1812년 남프랑스의 작은 마을 디뉴에서 일어난 이야기이다. 촛대를 훔쳐 달아난 장발장을 붙잡아온 경찰에게 디뉴 성당의 미리엘 주교는 그 촛대는 자신이 장발장에게 주었다고 둘러대는 장면으로 시작되는 이 소설은, 가난, 속임수, 사랑, 인간애, 혁명, 성공,

배신, 그리고 신뢰 등 인간사회에 일어나는 현상들을 흥미롭게 엮어 가는 것은 물론, 군데군데 많은 생각거리를 제공한다. 예를 들어, 배운 것이 없어 도둑질 말고는 먹고 살아갈 방법이 없는 사람이 있다면 그것은 본인의 책임이라기보다는 사회의 책임이라는 것이 위고의 사상이다. 사실 이 사상을 바탕으로 프랑스는 의무교육을 실시하게 되었고 뒤이어 대부분의 국가들이 의무교육을 제도화했다.

장발장이 총상을 입은 마리우스를 들쳐업고 지하도를 따라 도망치는 장면을 보면, 파리에는 이미 150년 전에 하수도와 지하도가 정비되어 있어 도시의 위생을 체계적으로 해결하고 있었고 토목기술이 상당히 발달해 있음을 보여준다. 그러나 중국에서는 분뇨를 논밭의 한켠에 모아 썩혀서 퇴비로 사용하는데 비해 프랑스는 분뇨를 그냥 바다에 내버려 해양을 오염시킨다고 비판하고 있다. 위고는 상원의원 시절 "유럽은 한 민족이며 한 가족이다. 유럽 합중국이 되자. 유럽대륙의 화폐는 한 가지여야 한다"고 주창했는데, 이는 유로화의 출현을 예고한 것이기도 했다. 그리고 위고의 삶과 위고가 말한 경구는 우리가 어떻게 살아야 하는지를 가르쳐 준다.

"세상이 엄숙하면 할수록 그만큼 유머는 더 필요하다."

"인간에게는 세 가지 싸움이 있다. 첫째는 인간과 자연과의 싸움이요, 둘째는 인간과 사회와의 싸움이요, 셋째는 인간과 자신의 마음과의 싸움이다."

"오늘의 문제는 싸우는 것이요, 내일의 문제는 이기는 것이며, 모든 날의 문제는 죽는 것이다."

"짧디 짧은 게 인생이다. 시간을 함부로 낭비하면 인생은 더 짧아진다."

1885년, 파리 컨티넨털 호텔에서 위고의 83세 생일을 축하하는 성대한 파티가 열렸다. 그러나 위고는 지친 노인으로, 오랜 파티 시간을 견디기 힘들었다. 그는 돌아가겠다고 양해를 구하고 집을 향해 떠나면서 주최자의 손을 잡고 사과하듯이 말했다.

"이런 잔치에 참석하기에는 나는 너무 늙었소."

13

완전한 평등은 달성될 수 없는가?

한 젊은 여성이 동네 슈퍼마켓에서 라면 한 봉지, 우유 한 팩, 참치 캔 하나, 양말 한 켤레, 그리고 비누, 치약, 칫솔을 각각 1개씩 구입했다. 계산대의 청년이 계산을 하면서 물었다. “아가씨, 혼자 사시지요?”

그 여성은 잘생긴 총각이 자신에게 관심이 있다고 지레짐작하고는 되물었다. “어머 어떻게 아셨어요? 제가 물건 사는 것을 보고 그러시는 거죠?”

청년이 대답했다. “아뇨, 못생겨서요.”

한 일간지의 유머 코너에 난 기사이다. 다음은 정반대의 이야기이다.

세상 어느 곳에 절대 평등을 지향하는 새로운 국가가 생겼다. 평등을 위배하거나 질투심을 일으키는 것은 무엇이든 고발을 하면 당국은 문제를 해결해주었다. 사실 어느 나라든 아주 잘생긴 소수와, 평범한 다수와 좀 못생긴 소수가 있게 마련이다. 어느 날 돈도 없고 못생긴 몇몇 여인들이, 잘생긴 여인들 때문에 질투심을 느낀다고 당국에 진정을 했다. 많은 평범한 사람들도 덩달아 합세했다. 그러자 다수의 의견을 중시하는 정부에서는 이 문제를 해결하기 위해 얼굴의 평등을 담당하는 정부부처, 즉 얼굴정의국Ministry of Facial Justice을 신설했다. 얼굴정의국은 즉각 모든 여인들의 얼굴이 똑같아야 한다는 법령을 선포한다.

그러자 못생긴 여인들이 잘생긴 여인들과 똑같아지기 위해 돈을 들여 성형수술을 하는 것이 아니라, 잘생긴 여인들이 질투심을 유발한다고 당국에 고발했다. 따라서 잘생긴 여인들은 법을 어기지 않기 위해 돈을 들여 못난이 성형수술을 받았다. 그런 식으로 그 나라에서는 잘생긴 여인들은 사라졌고, 시기의 대상이 사라져버리자 모든 여인들은 못생겼지만 행복한 평등사회가 되었다.

그런데 한 남자가 가난하지만 얼굴이 예쁜 한 여인을 사랑했다. 정부는 못난이 성형수술을 할 돈이 없는 그 여인에게 강압적으로 못난이 수술을 강행했다. 여인의 바뀐 얼굴을 본 남자는 여인을 떠나버렸다.

이상은 영국 작가 하틀리L. P. Hartley, 1895~1972가 쓴 《얼굴의 정의*Facial Justice*, 1960》의 줄거리이다. 시기심을 일으킬 잘난 사람도 없고, 질투를 할 못난 사람도 없는 사회의 모습을 그린 소설이다.

미국 여류작가 에인 랜드Ayn Rand, 1905~1982도 소설 《아틀라스*Atlas*

Shrugged, 1957》에서 기회균등을 지나치게 강조한 사회의 모습이 어떠할지를 묘사했다. 평범한 작가의 소설이 잘 안 팔리는 이유는, 독자층은 한정되어 있는데 베스트셀러 작가의 책이 너무나 많이 팔리기 때문이라고 판단한 정부 당국은 기회균등법을 문학에 적용시켜서 어떤 책이든 판매 부수를 1만 권으로 제한하는 법을 마련한다. 그렇게 되면 독자들은 울며 겨자먹기 식으로라도 평범한 다른 작가의 소설이라도 보게 된다는 논리이다. 그 결과 서점에서는 베스트셀러 1만권만 팔렸을 뿐, 다른 책들은 재고로 쌓여 결국 서점주인은 장사가 안 되어 폐업한다.

서구사회가 추구한 두 가지 정의는 '자유'와 '평등'이다. 평생 외부로 나오지 못하는 봉쇄 수도원이나 사막의 움막 스케테Skete에 제 스스로 은거하는 수도사들 외에는, 거주이전의 자유를 금지하는 것만큼 사람을 비참하게 만드는 것도 없다. 쉽게 말해 출국금지나 인신구속은 개인에게 최대의 치욕을 안겨주는 것이다.

인류의 역사는 평민과 노예와 노비가 군주와 귀족과 양반에게서 자유를 획득하는 과정을 기록한 것이라 해도 과언이 아니다. 하지만 인간이 행복하게 살려면 자유만 가지고는 안 된다. 내부적으로 평등해야 하고 또 기회균등도 보장되어야 한다. 옳은 말이다. 그러나 하틀리와 랜드의 소설이 주는 교훈은, 이 세상에 절대적 자유가 없듯이 절대적 평등은 달성될 수 없다는 것이다.

못생긴 책임이 잘생긴 사람에게 있는 것이 아니듯, 지방이 못사는 이유를 수도권으로의 집중과 발전으로 보고, 공기업의 지방이전과 수도권 규제로 지방을 살리자는 이론은 현실성이 없다. '지방균형

발전을 위한 수도권 규제' 라는 논리는 오히려 지방 사람들의 신분상승 욕구와 거주이전의 자유를 제한하는 것이다. 그것도 글로벌 시대에 말이다. 분권시대 지방은 수도권 규제 논리가 아니라 수도권과의 협력 및 자력으로 경쟁력을 확보해야 한다.

: : 제2장 : :

인간의 욕구는 어떻게 사회를 변화시키는가?

01

베블런에서 갤브레이스까지

반세기 전 우리의 어린 시절, 학생들은 우리나라의 장관 이름은 물론이고 심지어 선진국의 유명 정치인들의 이름을 줄줄 꿰고 있었지만 소위 명품이라곤 자동차는 벤츠, 시계는 롤렉스, 술은 조니워커, 그리고 넥타이는 피에르 가르뎅 정도가 한계였다. 요즘은 정반대이다. 우리나라의 총리나 장관 이름은 몰라도 BMW, 루이비통 가방, 보메 메르시에 시계, 아 테스토니 구두 등 사치품과 명품 브랜드는 많이 알고 있다.

소스타인 베블런Thorstein Veblen, 1857~1929은 《유한계급론*The Theory of the Leisure Class, an economic study of institutions*, 1899》에서 1900년 경 미국 부유층의 사치품 과소비를 과시성 소비로 진단하고 과시적 소비, 금전적 경쟁 또는 재산 겨루기pecuniary emulation라는 용어

를 사용하여 유행시켰다. 한 나라의 경제상황이 악화되어도 터무니없는 고가품 수요가 줄지 않고, 고급품의 값이 오를수록 수요가 더 늘어나는 현상을 부유층의 과시욕 때문이라는 사실을 관찰했다.

베블런의 뒤를 이어 자본주의, 유한계급, 사치, 그리고 명품을 비판하는 후계자들도 여럿 있었다. 베블런과 거의 동시대 독일의 경제학자 베르너 좀바르트Werner Sombart, 1863~1941는 1912년 《사랑과 사치와 자본주의*Liebe, Luxus und Kapitalismus*》에서 자본주의의 기초에는 사치생활을 하고자 하는 부르주아적 행동이 깔려 있다는 베블런과 유사한 관점을 제시했다. 1957년 밴스 패커드Vance Packard, 1914~1996는 《숨은 설득자, 신분 상승을 꿈꾸는 사람들, 피라미드를 오르는 사람들*The Hidden Persuaders, The Status Seekers, and The Pyramid Climbers*》에서 기업이 마케팅 활동을 통해 상품의 진부화를 의도적으로 추진하고 있다고 비판했고, 1958년 갤브레이스John Kenneth Galbraith, 1908~2006는 《풍요한 사회*The Affluent Society*》에서 과잉소비를 비판하면서 전통적 지혜conventional wisdom로 되돌아가자고 주장했다.

02

맨드빌에서 케인스까지

'이기심'이라고 하면 자기만 알고 자기 이익만 추구하는 나쁜 인간이라는 선입견이 들겠지만, 그 이기심을 자기애自己愛으로 바꾸어 표현하면 또 다른 느낌이 든다. 근래 들어 젊은 인기 연예인들이 잇따라 자살하여 우리를 놀라게 하고 안타깝게 했는데, 그 역시 자기사랑이 부족한 탓이 아닌가 싶다.

"자기사랑이라는 이기적 동기가 공공의 이익을 증대시킨다"는 원리를 최초로 착안한 경제학자는 애덤 스미스Adam Smith, 1723~1790이다. 애덤 스미스는 사회에는 각각의 개인들의 이기심이 충돌하고 경쟁하는 가운데 '보이지 않는 손'invisible hands에 의해 자연도태가 일어나고, 새로운 경제 질서가 형성된다고 주장했다. 이것은 지나치게 단순한 결론 같지만, 이것이 자유주의 경제의 원칙이다. 산업혁명 이

전까지는 국가와 종교가 장악하고 있던 경제활동을 애덤 스미스는 자유로운 경제의 장으로 개방한 것이다.

애덤 스미스의 '보이지 않는 손' 사상에 영향을 준 사람은 버나드 맨드빌Bernard Mandeville, 1670~1733이다. 1714년 맨드빌은 "개인의 악덕은 공공의 이익"이라는 부제가 붙은 《꿀벌의 우화*The Fable of the Bees; or Private Vices, Public Benefits*》를 발간했다. 이 책은 우화 형식을 빌려 당시 영국 사회의 정치, 경제, 문화, 종교, 교육 등에 대해 풍자했는데, 문명의 진보가 절약이라는 선善의 결과가 아니라 사치라는 악惡의 결과라고 주장하여 당시 유럽사회에 큰 파장을 일으켰다.

당시 유럽사회를 지배하고 있던 전통적 사회윤리 및 기독교윤리는 사치와 쾌락을 추구하는 행위를 악덕vices으로 간주했다. 그러나 맨드빌은 사치와 쾌락에 대한 욕망이 소비를 촉진하고, 투자를 늘리고 생산을 증대하기 때문에 경제활동에 지속적 자극을 주는 촉매제임을 주장하면서 악덕이 상업사회의 번영과 경제성장을 좌우하는 근원이라고 주장했다. 한 가지 예로써, 콜럼버스의 아메리카 대륙 발견의 목적은 지동설의 입증이 아니라 황금을 위한 것이라는 것이다.

"게으름을 고착화시키는 자선활동보다는 고용을 창출하는 사치가 더 낫다"라는 맨드빌의 주장은 동시대의 사상가들에게 큰 관심과 논쟁의 대상이었다. 그는 사후에도 애덤 스미스에게는 물론, 20세기 대공황시대 존 케인스John Maynard Keynes, 1883~1946에게 중요한 아이디어의 원천을 제공한 선구자였다. 대공황은 생산과잉 → 과소소비 →

과잉재고 → 공장폐쇄 → 대량해고 → 과소소비 → 과소생산의 악순환으로 이어졌는데 이런 고리를 끊는 것이 케인스가 주장하는 '의도적인 수요의 개발과 촉진' 이었다.

Peter F. Drucker

03

미제스와 드러커

1950년대 초, 세계적인 경제학자 루드비히 폰 미제스Ludwig von Mises, 1881~1973는 뉴욕대학교 엘리베이터에 함께 탄 한 젊은 교수에게 이렇게 힐난했다. "자네는 경제학자로서 전도유망한데 요즘 뭐 경영학을 연구한다고? 경영학이 무슨 학문이야?" 그 젊은 교수가 바로 현대 경영학의 체계를 세운 피터 드러커Peter F. Drucker, 1909~2005였다.

미제스가 드러커에게 그런 말을 한 데는 그만한 이유가 있었다. 드러커는 십대 때 오스트리아 비엔나에서 부친의 친구였던 미제스와 슘페터, 그리고 프리드리히 폰 하이에크와 같은 세계적 경제학자들을 만났었다. 미제스와 드러커 둘 다 나치 독일을 피해 미국으로 건너갔고 1950년대와 60년대에 뉴욕대학에서 경제학을 가르쳤는데,

두 사람은 그렇게 다시 만났던 것이다. 드러커는 미제스의 질책에 대해 다음과 같이 해명했다.

"인간의 행복을 증진하는 것은 궁극적으로 물질적 소비수준의 증대를 통해서입니다. 기업의 생산활동과 구성원들의 생산성을 향상하는데 초점을 맞추는 학문은 경제학이 아니라 경영학입니다. 그리고 저는 다른 무엇보다도 생산현장에서 일하는 인간에 대해 관심을 갖고 있기 때문입니다."

드러커는 1954년 《경영의 실제*The Practice of Management*》에서 《걸리버 여행기》의 저자 조나단 스위프트Jonathan Swift, 1667~1745의 말을 인용했다.

"그 전까지는 단엽식물만 자라던 곳에 복엽식물을 자라게 하는 자는, 그가 누구든 간에, 어떤 명상적 철학자나 형이상학적 체계의 창시자보다도 인류의 진보에 더 큰 공헌을 한 사람으로 대접받아야 한다."

04

존속성 혁신과 와해성 혁신

클레이튼 크리스텐슨Clayton M. Christensen, 1952~ 하버드대학 교수는 1997년 《혁신가의 딜레마*The Innovator's Dilemma*》에서 혁신을 존속성 혁신sustaining innovation과 와해성 혁신disruptive innovation으로 나누었다. 존속성 혁신은 기존고객이 요구하는 성능을 충족시키는 혁신이고, 와해성 혁신은 기존고객이 요구하는 성능은 충족시키지 못하지만 전혀 다른 성능을 요구하는 고객의 욕구에 맞춰 진행되는 혁신을 말한다. 존속성 혁신이 현재의 고객을 대상으로 한다면 와해성 혁신은 새롭게 부상하는 내일의 고객에게 귀를 기울인다는 점에서 다르다.

크리스텐슨은 바로 와해성 혁신에 주목했다. 잘 나가던 정상의 기업들이 그 자리를 지키지 못하고 무너지는 것은 와해성 혁신에 실패하기 때문이라는 설명이다. 존속성 혁신에만 관심을 둔 나머지 새롭게 떠오르는 고객에 대한 배려를 전혀 하지 않아 결국 시장지배력을 잃고 만다는 것이다. 대표적인 사례로 음악을 저장하는 기기의 발달 과정을 예로 들었다. 처음 SP판을 시작으로 차츰 LP판, 릴 테이프, 카세트테이프, 비디오테이프, CD, MP3 등으로 발전했는데, 새로운 기술이 나오면 과거의 기술은 하룻밤 만에 무용지물이 된다. 세계 최대의 테이프 제조업체 새한그룹이 위기에 처한 것도 그 때문이다.

시어즈 백화점은 존속성 혁신을 통해 한때 정상을 지켰다. 하지만 할인판매점이나 홈쇼핑, 그리고 온라인 판매와 같은 와해성 혁신을 간과했기 때문에 시장에서 점점 밀려나게 되었다. IBM 역시 미니컴퓨터와 PC의 출현을 생각하지 못하고 메인프레임 컴퓨터에만 관심을 기울이다 느닷없이 복병을 만났다.

그렇다고 이들 기업이 경영을 잘못했다고 말하기는 어렵다. 이런 기업들은 '고객의 소리'에 귀를 기울이라는 전통적인 방식을 충실하게 고수했다. 하지만 이런 경영방법이 때로는 비능률적일 수 있고, 미래의 새로운 고객(현재의 고객은 모르고 있는 제품이나 욕구)에 포커스를 맞추는 것이 옳을 때가 있다는 사실이다. 이것이 바로 성공기업의 딜레마다.

따라서 흔히 말하는 '고객밀착'이야말로 우량기업들이 실패하는 주요한 원인이다. 그들은 고객의 욕구를 일깨우지 못하고 고객이 요구하는 것만 제공했던 것이다.

Peter F. Drucker

05

마쓰시타의 성공 스토리

1950년대 초 일본의 모든 전자제품 제조업체들은 일본 사람들의 소득이 너무나 낮아서 텔레비전을 구입할 수 없고, 특히 농부들은 텔레비전 같은 값비싼 물건은 구입할 수 없을 것으로 가정했다. 그것은 상당히 합리적인 판단이었다. 그래서 대부분의 일본회사들은 저가低價 텔레비전을 한정적으로만 생산할 계획을 세웠다.

그러나 작은 규모의 한 회사만이 미국, 영국, 또는 독일에서 어떤 일이 일어났는지를 조사하여 이 판단의 타당성 여부를 확인하려 했다. 이 회사는 텔레비전이 저소득 계층에서는 분명 일상적인 상비품으로 여기지 않는다는 것을 확인했지만, 반면 텔레비전이 가격에 상관없이 그들에게 상당한 만족을 제공한다는 사실도 확인했다. 사실 어느 나라에서든 텔레비전의 가장 열성적인 소비자는 가난한 사람들이다. 그들은 자신들의 소득으로는 분에 넘치는 비싼 텔레비전을 구입하는 경향이 있었다. 따라서 그 일본회사는 경쟁자들보다도 더 크고 값도 더 비싼 텔레비전을 생산했다. 그리고 이 회사는 일본의 농부를 상대로 집중적으로 판매 캠페인을 벌였다. 이름 없는 그 회사는 지금 일본에서 가장 규모가 큰 전자회사 중 하나인 마쓰시타 전기이다.

한때 미국 기업에 대항할 일본 기업으로 손꼽히던 소니가 곤경에 처해 있고, 70여 년 동안 세계 최대 기업이었던 GM이 금융위기로 몰락했다. 고객의 욕구를 충족시키지 못하면 어떤 기업도 기업 세계에서 도태될 뿐이다. 인간의 마음, 특히 제품이나 기업에 대한 애착심은 그다지 오래 가지 못한다. 기업의 살 길은 고객의 욕구를 파악하고 일깨우고 충족시키는 일뿐이다.

한 나라의 경제상황이 악화되어도 터무니없는 고가품과 사치품luxury의 수요가 줄지 않고, 오히려 값이 오를수록 수요가 더 늘어나는 현상을 베블런 효과Veblen effect라고 한다. 베블런 효과는 사회적으로 결코 좋은 것은 아니지만 사치하고 싶은 욕망과 생활에 불필요한 물건을 과시적으로 소비하는 현상으로 나타난다. 베블런 효과와는 반대로 '감춰진 욕망을 이끌어내는 욕구needs 창출 전략'은 감춰진 고급 욕구들을 실현시키는 것이 사회를 발전시킨다는 생각이다. 어느 주장을 따를지는 각자의 몫이겠다.

: : 제3장 : :

지식근로자가 되기 위한 노하우

01

지식이란 무엇인가?

"지식이란 무엇인가?" 이 질문에 대해 피터 드러커는 "지식은 역사적으로 그 의미와 초점이 달랐고 또한 발전해왔다"고 주장한다. 고대 동서양에서 지식은 인간의 내부에 초점을 맞추었는데, "너 자신을 알라"know thyself라는 명제를 해결하기 위한 것이거나, "아침에 도를 깨달으면 저녁에 죽어도 좋다"朝聞道夕死可矣는 것처럼 도를 닦는 도구였다.

18세기 중엽 제임스 와트James Watt, 1736~1819는 증기엔진을 만들어 이를 인간의 근육이나 동물의 힘 대신 동력으로 사용하여 재화의 생산량을 획기적으로 높였다. 이것을 역사적으로 산업혁명industrial revolution이라고 부른다. 이것은 지식이 최초로 인간의 외부에 초점을 맞추고 인간의 물질적 삶의 수준을 향상시킨 것으로, 지식이 기계와 결합한 제1차 지식혁명이었다.

이때의 지식은 기계의 생산성, 즉 경제학에서 말하는 자본생산성 capital productivity을 획기적으로 높였으나, 인간노동의 생산성labor productivity은 별로 향상시키지 못했다. 따라서 늘어난 부가가치는 대부분 자본주에게 돌아갔다. 그 결과 증가된 이익이 노동가치라고 주장하는 노동자와 자본의 역할을 강조하는 자본가 사이에 첨예한 갈등이 발생했다.

19세기 말부터 20세기 초에 이르는 시기, 프레더릭 테일러Frederick Taylor, 1856~1915를 비롯한 산업연구자들이 시간연구와 동작연구를 바탕으로 과학적 관리법scientific management을 도입하여 육체노동자의 노동생산성을 획기적으로 향상시켰다. 당시는 노동자의 지식수준이 매우 낮았고, 문맹률도 높았다. 따라서 작업현장에는 '생각하고 지시하는 계획계층'과 '시키는 대로 일을 하고 감독을 받는 노동계층'으로 나뉘어져 있었다. 과학적 관리법은 육체노동자의 일하는 방식에 '지식'을 적용했던 것이다. 드러커는 이것을 지식이 노동과 결합한 제2차 지식혁명으로 보고, 생산성혁명productivity revolution으로 명명했다. 생산성혁명 결과 노동자는 소득 수준이 높아졌고, 자본과 노동의 갈등은 완화되었으며, 결국 공산혁명을 차단했다.

20세기 후반, 선진국은 물론이고 한국도 인구의 반 이상이 고등교육을 받고 지식사회로 진입했다. 바야흐로 지식이 지식과 결합하여 또 다른 지식을 창출하는 단계로 접어든 것이다. 드러커는 이를 지식혁명knowledge revolution 또는 경영혁명management revolution이라고 명명했는데, 이것이 제3차 지식혁명이다.

02

넥스트 소사이어티

역사적으로 한 시대에는 그에 걸맞은 시대정신을 구현하는 주요 노동력 집단이 존재했다. 농업사회에는 농민이, 산업사회에는 육체노동자가, 그리고 지식사회에는 지식근로자가 주된 노동력이다.

피터 드러커는 《넥스트 소사이어티》(2002)에서 다음과 같이 주장했다. "다음 사회는 지식사회일 것이다. 지식이 핵심 자원일 것이고, 지식근로자가 노동력 가운데 지배적 집단이 될 것이다. 지식사회의 세 가지 주요 특성들은 다음과 같을 것이다."

• 국경이 없다. 왜냐하면 지식은 돈보다 훨씬 더 쉽게 돌아다니기 때문이다.

• 상승 이동이 쉬워진다. 누구나 손쉽게 정규교육을 받을 수 있기 때문이다.

• 성공뿐만 아니라 실패할 가능성도 높다. 누구나 성공할 수 있는 사회가 된다. 그렇다고 해서 모두가 승리할 수는 없다.

고대사회에서 고등교육을 받을 수 있는 사람은 양반 자제들이었다. 산업사회에서는 부유한 사람들이었다. 이렇게 보면 사농공상士農工商의 전통은 결국 지식을 실용적으로 보지 않은 고대사회의 전통 때문이라고 해석할 수 있다. "신사는 손톱에 기름때를 묻혀서는 안 된다"라는 영국의 속담은 결국 기술 천시사상의 발로이다.

그러나 지식사회에서는, 국민 모두는 아니라 해도, 대다수가 고등교육을 받을 수 있다. 이것은 사회구성원이 성공가도에서 더 이상 차별받지 않는다는 것을 의미한다.

지식사회에서는 어떤 사람도 '생산수단들'을, 즉 어떤 직무의 수행에 필요한 지식을 획득하고, 휴대하고, 자신의 지식과 능력을 필요로 하는 곳이면 전세계 어디든지 접근하고, 소속되고, 혹은 아웃소싱 업무를 하청 받을 수 있다. 지시와 명령의 시대가 종말을 맞은 것이다.

03

지식근로자는 어떻게 성공할 수 있을까?

지식근로자는 소위 신 유목민new nomadic처럼 살아가게 된다. 지식근로자는 관료든, 기업에서든, 교육계에서든, 정치계에서든 적성이 맞는 분야를 스스로 판단해야 한다. 이제 성공은 더 이상 과거처럼 타고난 신분에 구애받지 않는다. 프리드리히 하이에크Friedrich Hyaek, 1899~1992는 "우리 모두가 기업가다"라고 말했다. 개개인 모두가 진정 CEO인 시대가 도래한 것이다. 말하자면 지식사회에서 지식근로자는 자신의 인생의 방향을 스스로 결정하고, 성공을 하든 실패를 하든 결과에 대해 책임을 져야 한다. 즉 결정과 성과에 스스로 책임을 진다는 의미이다.

"지식근로자는 어떻게 성공할 수 있을까?" 드러커는 이런 질문에 대해 자기관리self management, 관계책임relation responsibility, 방법론methods

등에 몇 가지 가이드를 제시한다. 지식사회의 특성 중 과거 사회와 다른 것 하나는, 길어지는 근로생활과 짧아지는 조직 수명이다. 따라서 자기관리가 무엇보다도 중요하다. 자기관리를 효과적으로 하려면 다음의 질문에 스스로 대답해야 한다.

첫째, 나의 강점은 무엇인가?
둘째, 나는 어떻게 성과를 올리는가?
셋째, 나는 읽는 자인가 듣는 자인가?
넷째, 나는 어떻게 배우는가?
다섯째, 나의 가치는 무엇인가?
여섯째, 나는 어디에 속하는가?
일곱째, 인생의 후반부(제2의 인생)를 일찍 생각하고 또 시작한다.

지식근로자는 대부분 집단을 이루어 작업을 하기 때문에 집단 내에서 관계를 설정하고 관계책임을 져야 한다. 따라서 먼저 자신의 일하는 방법을 파악하고 주변 사람에게 알려야 한다.

첫째, 나는 일을 어울려서 하는 편인가, 혼자 일하는 스타일인가?

둘째, 자기 자신의 일하는 스타일을 다른 사람에게 알리고 협력을 구해야 한다. 그 반대도 마찬가지다.

셋째, 일을 할 때는 상사가 성공하도록 협조하고, 나의 성공을 위해 상사의 협력을 받을 줄 알아야 한다.

지식근로자가 지식작업을 효과적으로 수행하는 방법은 다음과 같다.

첫째, 지식이 결과를 산출하기 위해서는 높은 목표를 설정해야 한다.
둘째, 지식을 생산성 있게 하기 위해서는 지식을 집중시켜야 한다.
셋째, 지식들 간의 연결이 지식생산성 향상의 비결이다.
넷째, 과업을 규정하고, 불필요한 과업을 제거하고, 한 가지 과업에 집중한다.
다섯째, 지속적 학습과 지속적 교육은 지식근로자의 책임이다.
여섯째, 지식을 생산성 있게 사용하기 위해서는 시간관리가 필요하다.

지식근로자는 '보다 현명하게 일하기' working smarter로서만 자신의 목적을 달성할 수 있다. 이것은 더 열심히working harder 또는 더 오래working longer 일하지 않고서도 더 높은 생산성을 내는 작업을 의미한다.

: : 제4장 : :

피터 드러커의 지식경영

01

지식 르네상스를 예고한 '경영의 구루'

르네상스는 14~16세기 도시의 발달과 상업 자본의 형성을 배경으로 일어난 인간의 개성과 합리성, 그리고 세속적 욕구를 추구하는 반중세적 정신운동이다. 이때 문학 · 미술 · 건축 · 자연과학 같은 서유럽 근대화의 사상적 원류가 형성되었다. 르네상스는 사회와 인간을 보는 눈을 바꾸었다.

그런데 학문 분야에서 르네상스와 같은 공헌을 한 사람이 바로 피터 드러커이다. 그가 주목받은 이유는 단 하나다. 경영 현상과 지식을 보는 관점을 바꾸었기 때문이다.

경영학 · 경제학 · 정치학 · 경영컨설팅 · 저널리즘 등 여러 학문분야에 걸쳐 활동한 피터 드러커를 어떤 영역에서 평가하는가에 따라, 그리고 누가 평가하느냐에 따라 그에 대한 평가도 달라진다. 그러나 한 가지는 분명하다. 드러커가 지식사회knowledge society의 도래를 예측하고, 지식근로자knowledge worker가 가장 중요한 생산요소가 된다는 것을 예측하고, 21세기 사회와 기업의 모습과 행동은 과거와는 달라야 한다고 주장했다는 사실이다. 그래서 모든 이들은 그를 '경영 구루들 중의 구루' Guru of Gurus of Management라고 칭하는 데 이의를 제기하지 않는다.

드러커는 1909년 11월 오스트리아 빈에서 태어났다. 1931년 프랑크푸르트대학에서 국제 법학 박사학위를 받았고, 이 대학의 강사를 거쳐, 1933년 나치가 득세하기 직전 영국으로 건너갔다. 영국에서 은행 · 보험회사 · 증권회사 등에 근무하면서 케인스의 세미나에도 참석했다.

1937년 미국으로 이주한 뒤 사라 로렌스대학 · 베닝턴대학 · 뉴욕대학에서 후학들을 가르쳤다. 한편 GM과 GE를 비롯한 기업들에 대한 컨설팅뿐만 아니라, 마셜플랜에도 참가했고, 아이젠하워를 비롯한 미국의 여러 대통령들에게 자문을 해주기도 했다. 〈타임〉 〈포춘〉 〈애슬란틱 만슬리〉 〈포린 어페어즈〉 〈월스트리트 저널〉 등에 기고했으며, 〈하버드 비즈니스 리뷰〉의 최다 기고자이기도 하다. 1971년 이후부터 2005년 타계할 때까지 캘리포니아주 클레어몬트 소재 클레어몬트 대학교의 피터 드러커 경영대학원에서(그의 이름을 딴 것이다) 경영학 및 사회과학을 강의했다.

드러커의 저서로는 경제사회부문 14권, 《21세기 지식경영》(1999, 비즈니스위크가 선정한 올해의 책) 등 경영부문 17권 등을 합해 39권에 이른다.

19세기 중반, 기업은 당시 가장 효율적이었던 조직인 군대의 모습, 즉 수직적 구조와 명령 · 통제 시스템을 모방하여 발전했다. 하지만, 앞으로의 조직은 특히 기업조직은 수평적 구조에다 자율과 책임이 중심이 될 것이라고 드러커는 《경영의 실체》(1954)에서 최초로 지적했다. 그는 또 지식 수준이 낮은 육체노동자를 주요 생산요소로 사용한 과거의 경영시스템은 스스로 그 시대를 성공적으로 마감하고, 생산수단 즉 지식을 가진 지식근로자에게 길을 내주고 있다고 《내일의 이정표》(1959)에서 처음으로 분석했다. 이어 《단절의 시대》(1969)에서는 지식이 주요 생산요소를 넘어 유일한 생산요소가 되고 있음을 주장했다. 한걸음 더 나아가 《보이지 않는 혁명》(1976)과 《자본주의 이후의 사회》(1993)에서는, 노동과 자본 대신 지식근로자와 지식이 생산요소가 된 사회를 여전히 자본주의 또는 공산주의라 부를 수 없기 때문에 앞으로 전개되는 사회를 지식사회로 명명해야 한다고 강조했다.

시대가 변함에 따라 경영의 본질이 바뀌게 된 것은 역사적으로 지식이 그 의미를 바꾸었기 때문이라는 점을 드러커는 증명하고 있다. 역사와 사회에 관한 해박한 르네상스적 지식과 분석력 그리고 자신의 개인적 경험이 이 같은 주장의 바탕이 되었다. 드러커는 오늘날 지식은 더 이상 개인의 인격도야에 필요한 장식물이 아니라고 갈파했다. 그는, 다른 지식들과 결합하여 또 다른 지식을 창조하는 지식혁명 또는 경영혁명 시대에 우리가 살고 있음을 《21세기 지식경영》(1999)에서 밝히고 있다.

02

"나이는 먹었지만 은퇴할 생각이 없다네"

필자는 피터 드러커가 타계하기 5년 전인 2000년, 폴란드 바르샤바에서 개최된 세미나에 참석하고 돌아오는 길에 드러커의 생가를 찾아보기 위해 오스트리아의 수도 빈에 들른 적이 있었다. 바르샤바로 떠나기 며칠 전 드러커 교수에게 "이번 동유럽 여행길에 당신의 생가를 둘러보고 또 참고자료도 수집하고 싶다"는 내용의 팩스를 보냈다.

언제나 그랬듯이 드러커는 다음날 답장을 보내왔다. 자신의 옛날 집 주소는 그린찡 지역의 카스그라벤가세 36번지인데, 시내에서 택시로 약 30분쯤 걸리는 교외 주택가에 있다는 것, 내부는 완전히 바뀌었지만 외관은 옛날 그대로이며, 1937년 부친이 미국으로 올 때 처분했다는 내용이었다. 그러면서 일부러 시간을 내서 찾아갈 만한

곳은 못 된다는 겸양의 말도 덧붙였다.

드러커가 어렸을 때 그의 생가에는 부친의 친구였던 유명한 경제학자 조지프 슘페터와 루드비히 폰 미제스가 자주 방문했었다. 그런 연유 때문만은 아니겠지만, 드러커는 슘페터와 존 메이나드 케인스를 여러 책에서 비교하면서 슘페터의 '창조적 파괴'를 옹호하고, 케인스의 '보이는 손', 즉 정부의 역할 강조를 비판했었다.

피터 드러커 하면 떠오르는 인물이 미켈란젤로다. 대표적 르네상스인이자 르네상스의 전성기를 빛낸 미켈란젤로 부오나로티Michelangelo Buonarroti, 1475~1564는 조각, 회화, 건축뿐만 아니라 많은 시詩도 썼다. 대부분의 사람들은 미켈란젤로가 다양한 분야에 걸쳐 수많은 걸작을 남겼고, 90세 가까운 나이에 죽을 때까지 창작활동을 했다는 사실에 주목한다.

그러나 미켈란젤로의 방법론에 주목할 필요가 있다. 거의 죽음에 임박한 미켈란젤로에게 의사가 "휴식은 모든 것을 치유합니다"라며 쉬도록 권유하자, 그는 "재촉하지 말아요. 나는 흰 대리석을 조각하는 일이 제일 좋아요"라고 대꾸했다고 한다. 예술가는 무릇 어떤 고난을 겪어도 오로지 예술만을 추구하며 살아야 한다는 신념이 확고했던 사람이 미켈란젤로다.

그는 인체의 사실적 표현을 위해서 시체 안치소에 몰래 들어가 당시 철저하게 불법이었던 시체 해부를 했다. 신앙심 깊었던 미켈란젤로는 하느님이 창조한 인체를 있는 그대로 재창조하는 것만이 예술가의 본분을 다하는 것이라고 확신했고, 그에 따라서 행동했다.

드러커의 방법론 또한 마찬가지였다. 드러커는 조직 현실에 적용해 효과를 발휘하지 못하는 이론을 배격할 뿐만 아니라, 이론적 배경이 없는 실무도 받아들이지 않았다.

생전의 드러커에게 누군가가 "박사님의 저서들 가운데 어느 것이 가장 대표적입니까?"하고 물었더니 "이 다음에 나올 책"이라고 대답했다는 에피소드가 있다. 필자는 언젠가 드러커에게 "친구들은 모두 은퇴하셨을 텐데, 박사님은 언제 은퇴하시렵니까?"하고 물은 적이 있었다. 그러자 "은퇴할 생각이 없네"라는 대답이 돌아왔다. 필자는 그런 피터 드러커를 지식 르네상스인이라 부르는 데 주저하지 않는다.

03

경영자란 무엇을 하는 사람인가?

경영자란 무엇인가? 경영자는 무엇을 하는 사람인가? 이에 대해, 두 가지 상식적인 답이 있다. 하나는 '경영자란 높은 곳에 있는 사람이다' 라는 답이다. 즉 '경영자' 라는 용어는 '상사' boss라는 말을 약간 멋지게 부른 것에 지나지 않는다는 시각이다. 다른 하나는 '다른 사람들의 업무를 지휘하는 사람' 이란 답이다. 다시 말해 '다른 사람들에게 각자의 일을 하게 함으로써, 자신의 업무를 완수하는 사람' (Who does his work by getting other people to do theirs)이라는 슬로건에 걸맞게 일하는 사람이다.

그러나 이런 답은 누가 경영층에 속하는 사람인지 가르쳐 주는 것에 불과하다. 이런 답은 경영자의 본질이 무엇이며, 임무가 무엇인지를 밝혀 주려는 시도는 하지도 않은 셈이다.

'경영자란 무엇이며 또 무엇을 하는가'라는 질문에 대한 답은 오직 경영자의 직능을 분석함으로써만 얻을 수 있다. 경영자란 하나의 기관institution이며, 기관이란 수행하는 직능을 통해 설명될 수 있고 또 규정되기 때문이다.

경영자는 기업 특유의 기관이다. 예를 들어 US스틸이나 영국 석탄공사 등과 같은 기업이 새로운 공장을 건설한다든가, 노동자를 정리해고 한다든가, 고객을 공정하게 대우하기로 결정했다든가 하는 이야기를 한다고 가정하자. 이때 우리는 실질적으로 경영자의 의사결정, 경영자의 행동, 경영자의 태도 등을 이야기하는 것과 같다. 기업은 오직 경영자에 의해서만 의사결정을 하고, 행동을 하고, 또 태도를 취하는 것이다.

경영자가 없는 기업 그 자체는 목적을 달성하는 실체가 아니다. 거꾸로 말하면, 기업이 그 법률적 구조에 관계없이 사회적 기관으로서 존재하고 또 기능을 수행하기 위해서는 반드시 경영자를 갖지 않으면 안 된다.

제1차 세계대전(1914~1918) 이후 경영자들이 대량으로 등장하게 되자, 사회적으로 분명한 이 새로운 현상에 대해 정의를 내릴 필요가 있었다. 최초이자, 1950년대까지 일반적으로 타당하다고 받아들여진 경영자에 대한 정의부터 살펴보자. 그것은 "경영자는 지위와 권한을 가진 사람이다"라는 것이었다. 다시 말해 경영자는 부하를 거느린 사람이었다.

그런데 이 정의는 의심할 여지없이 잘못된 것이었다. 이 정의는 먼저 "권한은 책임과 등가관계에 있다"는 정치학 및 행정학의 제1원칙에 위배되는 것이었다. 그후 1945년경 또 다른 정의가 등장했다. "경영자는 부하가 수행한 과업에 책임을 지는 사람이다"라는 것이다.

그러나 피터 드러커가 세계 최대 제조기업인 GM의 조직구조·조직행동·경영정책·최고경영자의 과업에 대해 사례연구를 한 《기업의 개념*Concept of the Corporation*, 1946》을 쓰게 되면서, 이 두 번째 정의마저도 현실에 맞지 않다는 것을 온 세상이 곧 깨닫게 된다. 그러면서 드러커는 《경영의 실제*The Practice of Management*, 1954》를 통해 새로운 경영자의 정의를 주장했다. 즉 "경영자는 지식을 목적 지향적 행동으로 구체화하는 책임을 지는 사람이다"라는 것이다.

참고로 스튜어트 크레이너Stuart Crainer는 1997년 출간한 《영원한 경영 명저들*The Ultimate Business Library*》에서 역사적 경영 명저 50권을 선정했는데, 그 가운데 《경영의 실제》와 《단절의 시대*The Age of Discontinuity*》 등 드러커의 저서 2권이 포함되었다.

Peter F. Drucker

04

경영자는 '보스' 가 아닌 '리더' 가 되어야 한다

피터 드러커는 "경영자가 구체화해야 하는 지식이라는 것이 도대체 무엇인가?"에 대해 깊이 생각했다. 또한 경영management은 무엇이고, 경영한다managing는 것은 무엇인지에 대해서도 깊이 연구했다.

오늘날까지도 경영학 교수들은 경영이 과학science인지 또는 기능art인지에 대해 진지하게 토론해 오고 있다. 그러나 이것이야말로 학자들이 즐겨 토론하기에는 너무나 부질없는 것이다. 왜냐하면 경영은 둘 다 아니기도 하고, 또한 둘 다 맞기도 하기 때문이다.

'경영은 하나의 실무practice이다.' 마치 의학 · 법률 · 공학과 마찬가지로 말이다. 기능, 즉 실무란 '이론' theory을 바탕으로 한다. 그리고 이론은 타당성이 있어야 하고 또 증명될 수 있는 '과학' 이어야만 한다. 그러나 '실무'는 적용을 전제로 한다. 그리고 적용은 실제적이어야 하고, 구체적이고도 개별적인 사항에 초점이 맞추어져 있어야 한다. 또 경험으로 증명되고, 선견력이 발휘되어야 하는 분야이다.

드러커는 어릴 때, 의학 교수들을 많이 배출한 집안에서 자랐고, 또 모친은 프로이트의 제자였다. 그들은 한자리에 모이기만 하면 늘 좋은 의사란 무엇을 의미하는지에 대해 토론을 벌였다. 그들 모두가 한결같이 동의한 것은, 의학의 이론적 지식은 부족하면서도 '실무능력'이 좋은 의사만큼 위험한 사람도 없다는 것이었다. 그들은 또한 '실무능력'은 없으면서도 이론적 지식에는 밝은 의사 역시 환자를 잘못 다룰 가능성이 높다는 것에도 일치했다.

그들이 합의를 본 게 있었다. 즉 모든 의사가 '위대한' 명의가 될 수는 없겠지만, 모든 의사는 환자에게 올바른 치료를 하고, 의료사고를 일으키지 않을 정도로 '유능한' 의사는 될 수 있다는 것이었다.

경영도 마찬가지다. 유능한 경영자가 되기 위해서 모든 경영자는 왜 어떤 것을 해야 하는지, 그 이유를 알기 위해서는 필요한 기초적 이론을 이해해야만 한다. 그리고 경영자는 무엇을 해야 하는지 또 그것을 어떻게 수행하는지, 즉 '실무능력'을 몸에 익힐 필요가 있다.

경영자는 경제적 자원을 체계적으로 조직함으로써 인간의 생활을 향상시킬 수 있다는 신념을 나타내고 있다. 경영자의 등장은, 경제적 발전이 인간생활의 향상과 사회정의를 실현하는 가장 강력한 원동력이 될 수 있다는 신념을 단적으로 표현하는 것이다.

이는 3백여 년 전에 살았던 조나단 스위프트Jonathan Swift, 1667~1745의 말을 떠올리게 한다. 즉 "그전까지는 단엽식물만 자라는 곳에 복엽식물을 자라게 하는 자는, 그가 누구든 간에, 어떤 명상적 철학자나 형이상학적 체계의 창시자보다도 인류의 진보에 더 큰 공헌을 한 사람으로 대접받아야 한다"는 게 바로 그것이다.

사실 현대 서구사회를 제외한 모든 사회에서는, 경제적 변화는 사회와 개인 둘 다에 대해 다 같이 위험한 것으로 간주되어왔다. 따라서 정부의 첫 번째 책임은 경제를 변화시키지 않는 것이라고 여겨졌다. 그러므로 경영자, 즉 자원을 생산적으로 변환시키는 사람, 다시 말해 조직적으로 경제를 발전시키는 특별한 책임을 맡은 사회기관은 현대사회의 기본적 시대정신을 반영하고 있는 것이다. 경영자는 진정 없어서는 안될 존재가 되었던 것이다. 경영자가 일단 세상에 등장하자 이 같은 사실은 엄청나게 빨리 전파되었다. 그것도 아무런 저항 없이.

경영자에 대한 전통적 정의는 무엇인가. 앞서 말한 대로 경영자를 일차적으로 '보스'로 인식하는 경향이 짙었다. 그런데 오늘날 일반적으로 받아들여지는 새로운 정의는 다르다. 경영자를 '리더' leader로 생각하기 때문이다.

지식이 다른 지식과 결합하여 또 다른 지식을 창출하는 게 바로 오늘날 현실이다. 가장 지식이 많은 경영자라 해도 그가 지금 이미 잘하고 있는 일을 한층 더 잘하지 않으면 어찌 될 것인가. 또 새로운 것을 배우고 또 새로운 일을 하지 않으면 어찌 될 것인가. 아마 수년 내에 틀림없이 도태되고 말 것이다.

정보를 지식으로 바꾸고, 그 지식을 목표가 있는 행동으로 구체화하는 것이 지식 경영자와 지식경영의 본질적 기능이다.

지식이 경제학자들이 말하는 전통적인 생산요소, 즉 토지 · 노동 · 자본을 대체한 이유는 무엇인가. 또 단 하나의 핵심적인 경제적 요소가 된 이유는 무엇인가. 그건 전적으로 경영이라는 기관이 등장했기 때문이다.

05

'경영' 이란 다양한 사람들을 통합하는 일이다

영국의 경제학자 애덤 스미스는 이렇게 주장했다. "어느 국가 또는 어느 지역이, 면직물이든 바이올린이든 간에, 어떤 제품을 만들어서 시장에 파는데 필요한 노동관습과 육체적 기술 또는 조직적 기술을 갖춘 전문가를 양성하는 데는 수백년이 걸린다."

그러나 이 같은 주장은 제1차 세계대전 시절 한순간에 허물어지고 말았다. 제1차 세계대전 동안 철저한 미숙련공 노동자들이, 그리고 공업화 이전 단계의 노동자들이 실질적으로 즉각 생산적인 작업자로 변신했기 때문이다. 미국과 영국의 기업들은 1885~1910년 사이에 개발된 프레더릭 테일러의 '과학적 관리' scientific management 이론을 노동자의 훈련에 체계적이고 대규모로 적용했기에 미숙련공이 즉각 숙련공으로 거듭날 수 있었던 것이다.

그 과정을 살펴보자. 미국과 영국의 기업들은 과업을 분석했고, 또 과업을 개별적 단위로 분해했다. 그런 뒤 아주 빨리 배울 수 있는 미숙련 작업단위unskilled operation로 만들었다.

제2차 세계대전 중 훈련은 더욱 발전했고, 나중엔 일본에까지 전해졌다. 그리고 20년 뒤에는 한국으로 다시 전해졌는데, 한국은 훈련을 이용해 획기적인 경제성장을 달성했다. 말하자면 그 훈련은 '한강의 기적' 이라 불리우는 경제 성장의 토대였던 셈이다. 한국 경제발전의 뿌리를 미국 기업들의 과학적 과업관리에서 찾을 수도 있다는 뜻이다.

1920년대 중반과 30년대 초 일찍이 등장했던 미국의 몇몇 경영 선구자들의 면면을 살펴보면, IBM의 초기 시절 토머스 왓슨1세Thomas Watson, Sr, 시어즈 로벅의 로버트 우드Robert Wood, 하버드 대학의 엘튼 메이요Elton Mayo 등이 대표적인 인물들이다.

그런데 이들은 생산 활동을 조직하는 방법에 대해 의문을 갖기 시작했다. 그들이 내린 결론은 이러했다. 조립 라인assembly line은 엄청난 생산성에도 불구하고, 단기적으로만 성과를 내는 것이라고 결론을 내렸다. 비유연성inflexibility이 가져오는 비경제성, 인적 자원의 활용 부족, 심지어는 빈약한 엔지니어링 등을 두루 확인했다.

따라서 그들은 제조공정을 조직하는 방법으로는 궁극적으로 '자동화' automation 방법까지 생각하게 된다. 더불어서 팀워크, 품질관리 분임조, 그리고 인적자원을 관리하는 방법으로서는 정보중심조직 등을 두루 제안했다.

그런데 이 같은 각각의 경영혁신은 모두 지식을 작업에 적용하는 것을 의미했다. 또 이 혁신은 단순한 추측이나 근육의 힘과 노력 대신 시스템과 정보를 작업에 적용하는 것이었다. 테일러의 말을 빌리면, 이런 모든 경영혁신은 결국 "좀더 열심히 일하기working harder를 좀더 현명하게 일하기working smarter로 바꾸자"는 얘기와 똑같았다.

제2차 세계대전 후, 경영은 '기업경영'business management만을 의미하는 것이 아니라는 것을 인식하기 시작했다. 경영은 기업경영 이상을 포함하고 있다고 느끼기 시작한 것이다. 따라서 경영이라는 말은 다양한 지식과 기술을 가진 사람들을 하나의 조직에 통합하는 인간의 모든 노력과 관련 있다고 볼 수도 있다. 그리고 경영은 기업뿐만 아니라, 병원에서도, 대학에서도, 교회에서도, 예술단체에서도, 그리고 모든 종류의 사회봉사기관에서도 충분히 적용될 수 있다.

그런데 이 같은 소위 병원 · 대학 · 교회 · 예술단체 같은 제3부문에서의 경영은 기업부문이나 정부부문 경영보다 더 빨리 성장해왔다. 이는 제2차 세계대전 후에, 선진국에서 더욱 두드러진 일이다. 재미있는 건 이런 제3부문 기관들의 리더는 경영의 본질을 한층 더 잘 알고 있다는 사실이다. 기업 경영자보다 더 정확하게 경영의 본질을 꿰뚫고 있었다는 것이다. 이제 경영이란 기업 경영자들만의 전유물이 아니다.

Peter F. Drucker

06

어떤 조직도 혁신하지 않으면 급속히 쇠퇴한다

한때 엉터리 같은 논쟁이 학계의 화제가 된 적이 있었다. '경영'과 '기업가정신' entrepreneurship에 관한 논쟁이 그것이다. 내용은 간단하다. 이 둘이 상호 배타적인 것은 아니라 해도, 서로 대립적인 것일 수가 있다는 논쟁이다. 그러나 이 논쟁은 말도 안 되는 소리다. 그것은 마치 바이올린의 줄을 잡는 손과 활을 잡는 손을 서로 '대립적'이라거나 '상호 배타적'이라고 말하는 것과 같다.

오늘날 기존의 어떤 조직도 혁신하지 않으면 급속히 쇠퇴하게 마련이다. 그것이 기업이든, 교회든, 노동조합이든, 또는 병원이든 상관없다. 변하지 않는 조직은, 이제 앞으로 절대 존재할 수 없다는 건 삼척동자도 다 아는 자명한 얘기다.

마찬가지로 똑같은 논리도 성립된다. 기존의 어떤 조직도, 그것이 기업이든, 교회든, 노동조합이든, 병원이든 간에 '경영'을 하지 않으면 급속히 쇠퇴한다는 것이다.

기존의 조직이 쇠퇴하는 가장 큰 하나의 이유는 조직이 혁신을 하지 않기 때문이다. 그런데 혁신이라는 말은 무엇인가. 그 혁신의 본질은 바로 경영이라고 본다. 하늘 높은 줄 모르고 치솟던 유망 벤처기업이 몰락하는 가장 큰 이유는 무엇인가. 그 벤처기업의 우두머리가 경영을 할 줄 모르기 때문이다.

우리는 지금 또다시 혁신의 시대로 진입했다. 그런데, 혁신은 결코 '첨단 기술' 또는 일반적인 의미의 기술에만 국한된 것이 아니다. 사실 사회적 혁신, 예를 들어 할부제도와 연금제도 같은 사회적 혁신은 다른 어떤 과학적 기술적 발명보다도 훨씬 더 중요하고, 훨씬 더 영향력이 클지도 모른다.

기업가정신과 혁신은 기존의 조직과 벤처조직 모두에게 적용된다. 나아가 영리조직이나 정부조직을 포함하여 비영리조직 모두에게 적용된다. 다시 말해 기업경영뿐만 아니라 모든 분야의 경영은 성과달성에 책임을 져야만 한다.

그러나 성과를 어떻게 규정할 것인가? 또 성과를 어떻게 측정할 것인가? 또 어떻게 성과를 달성할 수 있는가? 그리고 경영은 '누구에게' 책임을 묻는가?

이런 질문을 할 수 있다는 것, 그 자체가 바로 경영에 성공했다는 의미이다. 또한 이런 질문을 할 수 있다는 건 경영이 중요하다는 것을 나타내주고 있다는 의미이다. 그러나 그런 질문들을 할 필요가 있다는 것은, 다시 말해 경영자가 잘못하고 있기에 고발당하고 있는 것으로도 볼 수 있다.

경영이란 몇몇 기본적인 원칙으로 구성된다. 이것이 경영의 특징이다. 구체적으로 말하면 다음과 같다.

1. 경영이란 인간에 관한 것이다. 경영은 사람들로 하여금 공동성과를 올릴 수 있게 만든다. 또 그들의 장점을 살펴 목적을 달성하도록 한다. 그리고 그들의 약점 때문에 경영성과가 훼손되지 않도록 하는 것이다.

2. 경영은 공동의 목적을 위해 사람들을 통합하는 것이다. 때문에 경영은 그 기업문화 속에 깊이 배어 있다.

3. 모든 기업은 종업원들에게 공동의 목적과 공동의 가치에 몰입commitment해 줄 것을 요구한다. 이런 몰입 없이는 기업이란 존재하지 않는다. 몰입이 없다면 기업은 진정한 의미의 기업이 아니다. 그저 사람들의 집합에 지나지 않는다.

4. 경영은 또한 종업원의 욕구와 사업환경의 변화에 발맞추어 종업원과 기업이 성장하고 발전할 수 있도록 도와주어야 한다. 모든 기업은 학습기관learning institution이자 교육기관teaching institution이라는 걸 잊지 말자.

5. 성과는 측정되어야만 한다. 아니면 적어도 판단되어야만 한다. 그리고 성과는 끊임없이 개선되어야만 한다.

6. 마지막으로 가장 중요한 사실 하나. 결과란 기업의 외부에서 나타난다는 것이다. 어떤 기업의 '결과'란 무엇인가. 그것은 '만족한

고객' 이다. 병원의 결과는 완치된 환자이고, 학교의 결과는 지식을 배운 학생, 그리고 10년 후 그것을 업무에 활용하는 학생이다. 기업 내부에는 오직 비용만 존재할 뿐이다.

07

기업을 경영한다는 것

"기업이란 무엇인가"라는 질문을 받으면 전형적인 기업인, 그리고 대부분의 경영학자는 "이익을 추구하는 조직"이라고 대답한다. 이 대답은 틀린 대답일 뿐 아니라 기업조직을 설명하는 말로도 적합하지 않다. 기업조직 그리고 기업행동에 관한 지배적 경제이론, 즉 이익 극대화profit maximization는 과거 리처드 시어즈Richard Sears가 초기의 시어즈 백화점 운영 방법을 설명하는 데는 적합할지 모른다. 그러나 이것은 오늘날의 시어즈 또는 다른 어떤 회사가 어떻게 경영하고 있는지는 설명할 수 없다. 그리고 기업이 앞으로 어떻게 경영해야만 하는가에 대해서는 더더욱 설명하지 못한다.

사실 '이익 극대화' 개념은 적합하지 않은 정도를 넘어 오히려 해악을 끼치고 있다. 그 개념은 산업 사회에서 가장 위험한 질병, 즉 이익과 자본에 대한 뿌리깊은 증오심을 불러일으킨 '주범'이기 때문이다. 그러나 아이러니컬하게도 회사는 실제로 높은 이익을 올릴 때에만 사회적 공헌을 할 수 있다.

'기업이란 무엇인가?'를 알기 위해서는 기업의 '목적' purpose부터 먼저 밝혀야 한다. 기업의 목적은 기업의 외부에 있어야 한다. 사실 기업조직은 사회의 한 기관이므로 기업의 목적은 사회에 있어야 한다. 기업의 목적에 관한 타당한 정의는 단 하나뿐이다. 그것은 '고객을 창출하는 것'이다.

시장은 하느님에 의해, 자연의 힘에 의해, 또는 경제적 힘에 의해 창조되는 것이 아니라 기업인에 의해 창조된다. 한 기업이 충족시키고자 하는 어떤 욕구가 있다고 가정해보자. 그러면 고객에게 그것을 만족시켜줄 수단이 창출되기 훨씬 전에 이미 고객은 그 욕구를 인식하고 있을지도 모른다.

예를 들어 기근이 들었을 때 식품에 대한 수요를 생각해보자. 그것은 고객의 생명을 좌우할 수도 있고, 고객은 그것을 충족하기 위해 온종일 노력할지도 모른다. 그렇지만 기업인의 활동으로 그것을 유효수요로 전환할 때까지는 잠재적 욕구에 지나지 않는다. 오직 유효수요로 전환된 후에만 고객도 시장도 존재하는 것이다. 잠재적 고객들이 느끼고 있는 욕구가 제대로 느껴지지 않는 경우도 있을 것이다. 제록스의 복사기 또는 IBM의 컴퓨터가 등장하기 전에는 아무도 자신이 그것들을 필요로 한다는 사실을 알지 못했다.

기업활동을 통해, 즉 혁신에 의해, 신용공여에 의해, 광고에 의해, 또는 판매촉진에 의해 수요를 창출하기 전에는 애초부터 욕구가 발생하지 않는 경우도 있을 것이다.

어떤 경우라도 고객을 창출하는 것은 기업활동이다. 기업이 무엇인지를 결정하는 것은 고객이다. 왜냐하면 재화와 서비스에 대해 대가를 치를 의향이 있는 고객만이 경제적 자원을 부富로 전환하기 때문이다. 고객이 구입하는 것, 가치 있다고 생각하는 것은 제품 자체가 아니다. 그것은 재화 또는 서비스가 고객에게 제공하는 효용utility이다.

기업의 목적은 고객창출이기 때문에, 기업은 두 개의 기본적인 기능, 즉 마케팅 기능과 혁신 기능을 갖고 있다. 마케팅과 혁신은 결과를 산출한다. 기업의 나머지 모든 활동은 비용에 지나지 않는다.

진정한 마케팅은 과거 시어즈가 했던 방식으로 출발한다. 고객 · 인구 구성 · 고객의 현실 · 고객욕구 · 고객에 대한 가치분석 등에서 출발한다. 이때 "우리가 무엇을 팔고자 하는가"라는 질문 대신 "고객이 구입하려는 것이 무엇인가"라는 질문부터 해야 한다. "이것이 우리의 재화 또는 서비스가 제공하는 가치이다"라고 말하지 않는다. 대신 "이것이 바로 고객이 찾는 만족이고, 고객이 찾는 가치이고, 또한 고객이 필요로 하는 것이다"라고 말해야 한다.

기업은 오직 확대되는 경제에서만 존재할 수 있다. 혹은 적어도 변화가 자연스러운 것으로 인식되고, 또 변화가 수용되는 경제에서만 존재할 수 있다. 다시 말해 기업은 성장, 확대, 그리고 변화를 추구하는 특수한 기관이다. 그러므로 기업의 두 번째 기능은 혁신innovation인 것이다.

Peter F. Drucker

08

기업의 목적과 사명mission이 무엇인가?

혁신이란 지금까지는 없었던 다른 경제적 만족을 제공하는 것이다. 그런데 가장 생산적인 혁신은 기존의 것을 개량하는 것이 아니라, 새로운 만족을 제공할 수 있는 잠재력을 가진 남다른 제품이나 서비스를 새로 만들어내는 것이다. 이는 제품의 가격 면에서 보면 너무 당연하다. 새롭고 독특한 제품은 대체로 가격이 비싸기 때문이다.

가장 생산적인 혁신이 가져오는 효과는 또 있다. 경제가 한층 더 높은 생산성을 갖고 돌아갈 수 있도록 도와준다는 것이다. 한 가지 조심할 사항은, "혁신은 발명이 아니다"라는 점이다. 혁신은 경제적 용어이지 기술적 용어가 아니다. 그런데 기술을 수반하지 않는 혁신, 즉 사회적 또는 경제적 혁신도 기술적 혁신만큼이나 중요하다는 걸 인식해야 한다.

기업을 경영한다는 것은 무엇인가. 이 질문은 기업행동 분석, 즉 마케팅과 혁신을 통해 고객을 창조하는 행동에 뒤이어서 항상 제기되는 질문이다.

기업경영은 그 성격상 언제나 기업가적entrepreneurial이어야만 한다는 것이다. 기업경영을 할 때 내부관리 역량도 필요하다. 그러나 내부관리는 기업가적 목표에 뒤이어 수행된다. 마치 조직구조가 조직전략을 따르는 것과 같다.

"기업의 목적과 기업의 사명mission이 무엇인가?" 하는 정의와 관련해서, 우리는 단 하나에 초점을 맞추어야 한다. 그것은 바로 '고객'이다. 고객이 사업의 내용을 좌우하기 때문이다. 사업은 회사의 상호, 설립취지서, 또는 회사의 정관만으로는 알 수가 없다. 고객이 그 회사의 제품 또는 서비스를 구입함으로써 충족하고자 하는 욕구에 따라서 사업이 결정되고 정의된다. 고객만족이야말로 모든 기업의 사명이자 목적이다.

그러므로 "우리의 사업은 무엇인가?"라는 질문에 대한 대답은 그 기업을 외부에서 들여다볼 때에만 가능하다. 고객과 시장이라는 시각에서 바라볼 때에만 대답할 수 있다는 뜻이다.

고객이 관심을 갖는 것은 오직 고객 자신의 가치, 자신의 욕구, 그리고 자신이 처한 현실뿐이다. 이런 이유 하나만으로도 "우리의 사업은 무엇인가?"라는 질문에 대한 대답은 바로 고객으로부터 출발해야 한다. 고객의 현실 · 상황 · 행동 · 기대 · 가치를 중심으로 해서 대답해야 한다.

"고객은 누구인가?"라는 질문은, 기업의 목적과 사명에 대해 정의를 내릴 때 필수적인 질문이다. 그런데 이 질문은 너무 애매모호하다. 대답하기가 쉬운 것도 아니다. 물론 이에 대한 대답에 따라 자동적으로 사업의 정의가 내려진다. "우리의 사업은 무엇인가?"라는 질문을 진지하게 해야 할 가장 좋은 시기는 언제인가. 바로 회사가 성공적으로 운영되고 있을 때이다. 성공을 하면 개인이나 회사나 모두 자만해지기 때문이다.

성공했다는 느낌이 들 때는 언제나 새로운 현실을 창조해야 한다. 그리고 스스로 해결해야 할 새로운 문제점을 찾아내 해결해야 한다. "성공했기에 그들은 내내 행복하게 살았다"는 건 동화 속에서 있는 얘기다. 기업의 목적은 끊임없이 고객을 창조하는 것이다.

그런데 이를 위한 전제 질문들이 있다. "우리의 사업은 무엇인가? 앞으로 우리가 할 사업은 무엇인가? 그리고 우리의 사업은 무엇이 되어야만 하는가?" 등이다. 이에 대한 답을 할 때 기존의 모든 제품·서비스·제조공정·시장·최종 소비자·유통과정을 체계적으로 분석하는 것은 너무 당연하다.

"그것들은 여전히 경쟁력을 갖고 있으며, 앞으로도 그럴 것인가? 그것들은 여전히 고객에게 가치를 제공하고 있으며, 앞으로도 그럴 것인가? 그것들은 여전히 인구·시장·기술·경제 현실에 부합하는가? 만일 그렇지 않다면 그것들을 어떻게 부작용 없이 폐기할 것인가? 적어도 더 이상의 자원과 노력을 투입하지 않으려면 어떻게 해야 하는가?"

경영자는 진지하고도 체계적으로 이 같은 질문들을 해야만 한다.

또한 "우리의 사업은 무엇이며, 무엇이 될 것이고, 그리고 무엇이 되어야만 하는가?" 하는 질문도 빼놓아서는 안 된다.

기업의 목적과 사명을 정의하는 것은 어렵고 고통스러우며 위험이 따르는 작업이다. 그러나 이에 대한 정의가 선결되어야만 사업목표를 수립하고, 전략을 개발하고, 자원을 집중시키고, 경영활동을 할 수 있다.

Peter F. Drucker

09

기업에 유용한 5단계 목표 수립 절차

기업에 대한 정의, 기업의 목적과 사명에 대한 정의를 내리고 난 다음에 할 일은 무엇인가. 그것은 기업에 대한 정의, 기업의 목적 · 사명 등이 구체적인 목표objectives로 표현되어야 한다는 점이다. 그렇지 않으면 미사여구에 지나지 않는다. 달성할 수 없는 하나의 통찰력이나 좋은 의도에 불과하다는 얘기다.

목표란 무엇인가? 그리고 목표를 어떻게 수립하는가? 정리하면 다음과 같다.

1. 목표는 "우리의 사업이 무엇이며, 무엇이 될 것이고, 그리고 무엇이 되어야만 하는가"라는 질문에 대한 대답에서 도출되어야 한다. 목표는 추상적이어서는 안 된다. 목표는 기업의 사명을 실천하기 위

한 행동강령이자 성과를 측정하는 기준이다. 달리 말하면, 목표는 기업의 기본적 전략fundamental strategy이다.

2. 목표는 조작操作 가능한 것이어야 한다. 목표는 구체적 타깃 시장과 점유율로 표시될 수 있어야만 한다. 또한 목표는 일하는 사람의 작업 의욕과 성취 욕구를 불러일으킬 동기부여 역할을 톡톡히 해내야 한다. 또한 목표 자체가 평가기준이 될 수 있어야 한다.

3. 목표는 회사의 자원과 종업원의 노력을 최대한 한곳에 집중시키는 역할을 해야 한다. 목표는 기업의 다양한 활동들 가운데 중요한 것들을 뽑아낸 다음, 거기에 사람과 돈과 물리적 시설을 집중 투입할 수 있게 유도할 수 있어야 한다. 그러므로 목표는 모든 것을 포괄하는 것이 아니다. 목표는 기업들이 중요한 것들을 선택할 수 있게끔 도와주는 것이다.

4. 목표는 단 하나가 아니라 여러 개가 있어야 한다. 기업을 경영한다는 것은 기업의 다양한 욕구와 부문 목표들 사이에서 균형을 이루는 것이라고도 할 수 있다. 그러므로 기업을 경영하기 위해서는 다양한 목표를 세울 수 있어야 한다. 이것이 기업 경영자에겐 꼭 필요하다.

5. 목표는 기업의 생존에 영향을 미치는 모든 부문에 필요하다. 물론 어떤 특정 부문의 구체적 타깃, 즉 부문 목표는 개별 기업의 전략에 따라 결정된다. 그러나 부문 목표를 필요로 하는 부문들은 모든 기업에 동일하다. 왜냐하면 모든 기업들의 생존에 영향을 미치는 요인은 동일하기 때문이다.

결론을 내려보자. 다음의 여덟 가지 주요 영역에 대해서 반드시 목표를 세워야 한다. ❶마케팅 목표 ❷혁신 목표 ❸인적 자원 목표 ❹재무관리 목표 ❺각종 시설 목표 ❻생산성 목표 ❼사회적 책임 목표 ❽이익 목표 등이다.

목표와 관련하여 한 가지 중요한 사실이 있다. 목표는 절대적인 운명이 아니라 방향 설정이다. 또 목표는 구성원들에게 명령하는 것이 아니다. 대신 구성원들이 목표를 향해 뛰고 헌신해야 한다. 물론 목표 하나만으로는 기업의 미래를 결정할 수는 없다. 목표는 기업의 자원과 역동적 힘을 활용하여 미래를 만드는 수단이다.

많은 저술들이 이 모든 분야에 대해 논하고 있다. 그러나 이런 분야의 목표들은 다음과 같은 두 가지 핵심적인 결정이 내려진 뒤에야 가능하다는 점을 거의 간과하고 있다. 두 가지 핵심사항은 바로 '집중' concentration에 대한 결정, 그리고 '시장지위' market standing에 대한 결정이다.

고대의 위대한 과학자 아르키메데스Archimedes, BC 287~212는 다음과 같이 말했다고 한다. "나에게 설 자리만 준다면, (지렛대로) 지구를 그 자리서 들어올리겠다." 그런데 여기서 말하는 '설 자리'가 바로 집중할 분야이다. 그곳이 바로 기업에게 지구를 들어올릴 수 있는 지렛대를 제공하는 분야이다. 그러므로 집중에 대한 결정은 중요한 결정이다.

혁신 목표란 무엇인가. 어떤 기업이 "우리의 사업은 무엇이 되어야만 하는가"라는 질문에 대한 정의를 구체적 활동으로 옮길 수 있도록 하는 게 바로 혁신 목표다.

모든 기업에는 기본적으로 세 가지 종류의 혁신이 있다. ❶제품 또는 서비스 혁신 목표 ❷시장과 소비자 행동, 그리고 가치와 관련된 혁신 목표 ❸제품과 서비스를 생산하고 그것들을 시장에 공급하는데 필요한 다양한 기술과 활동에 관련된 혁신 목표이다.

Peter F. Drucker

10

목표는 '운명'이 아닌 '방향설정'이다

기업은 혁신 목표가 필요하다. 모든 기업은 경제학자가 말하는 세 가지 생산요소, 즉 인적 자원 · 자본 · 토지와 같은 물적 자원이 있어야 돌아간다. 기업은 이 세 가지 요소의 공급, 고용, 개발에 관해 구체적 목표를 수립해야 한다. 자원을 생산적으로 투입하고, 또 기업이 살아남으려면 자원의 생산성이 지속적으로 증가하지 않으면 안 된다. 따라서 생산성 목표가 있어야 한다.

기업은 사회와 지역사회가 있음으로써 존재하기에, 사회적 책임을 다해야만 한다. 최소한 기업은 환경에 미치는 영향에 대한 책임을 져야 한다. 그러므로 기업은 기업의 사회적 역할과 관련된 목표를 필요로 한다.

기업은 이익을 올릴 필요가 있다. 이익이 없으면 위의 목표들은 아무 것도 달성되지 않는다. 그런데 이 같은 목표들을 달성하려면 비용이 든다. 그런데 비용은 오직 기업 이익으로만 충당될 수 있다. 모든 목표를 달성하는 과정에는 위험이 따른다. 그러므로 목표수행 과정의 잠재적 손실 위험을 보상하기 위해 이익이 필요하다. 이익은 목표가 아니라 필요조건이다. 개별 기업의 사업내용 · 전략 · 욕구 · 위험들을 고려하여 이익이 결정되어야 하며 동시에 이익은 기업의 필요조건이다.

기업의 주요 활동분야를 측정하는데 이용할 수 있는 '측정 기준'은 아직도 체계가 잡혀 있지 않다. 시장지위를 제외하고는, 측정 기준은 말할 것도 없고 적당한 개념조차도 정리되지 않고 있다. 수익성과 같은 핵심 개념에 대해서도 정확성이 떨어지는 그런 기준만을 갖고 있다.

다시 말해 수익성이 중요하다는 것에 대해서는 우리 모두 동의한다. 하지만 어느 정도의 수익성이 필요한지를 결정하는 '진짜 도구'를 우리는 갖고 있지 않다. 경영혁신도 마찬가지고, 생산성도 마찬가지다. 그것에 대해 뭔가를 해야 한다는 것은 알지만, '진짜 도구'가 없기에 우리가 아는 것이 거의 없다.

그러나 각 분야들에 대해 적어도 업무의 진행 보고서를 작성하는데 필요한 것은 충분히 알려져 있다. 기업이 목표 설정 작업을 하는데 필요한 것은 충분히 알고 있다는 얘기다.

우리는 목표에 대해 한 가지 사실을 더 알고 있다. 목표를 이용하는 법이다. 목표들은 경영활동과 직결되어야만 한다. 그리고 경영활동은 항상 구체적이어야 한다. 또한 분명하고, 모호하지 않고, 측정

가능한 결과를 산출해야 한다. 또한 마감 날짜가 정해져야 한다.

그러나 종업원들을 엄격히 구속하는 목표가 꼭 좋은 것만은 아니다. 목표는 언제나 예상을 바탕으로 해서 세워진다. 그리고 예상이라는 것은 기껏해야 정보에 기초한 추측에 지나지 않는다. 목표들은 주로 기업 외부에 있으며, 기업이 통제할 수 없는 요소들을 끌어모아서 작성한 것이다. 그런데 세상은 잠시도 멈춰 있는 법이 없다.

목표를 이용하는 적당한 방법을 사례를 통해 알아보자. 항공사가 비행 스케줄flight schedules과 비행 계획flight plans을 활용하는 방법이 바로 그것이다.

비행 스케줄은 로스앤젤레스를 오전 9시에 출발한 비행기가 보스턴에 오후 5시에 도착한다는 것을 알려준다. 그러나 만약 그날 보스턴에 폭설이 내리고 있다면 비행기는 피츠버그에 기착할 것이고, 기상이 좋아질 때까지 기다릴 것이다. 비행 계획은 고도 3만 피트를 유지하면서 덴버와 시카고를 지나가도록 짜여져 있을 것이다. 그러나 만약 난기류 또는 역풍을 만난다면 비행기 기장은 관제탑에 연락하여 고도를 5천 피트 더 올리고 미니애폴리스 항로로 갈 수 있도록 허가를 요청할 것이다. 하지만 스케줄과 비행 계획이 없다면 어떤 비행기라도 뜰 수가 없다. 사전에 스케줄과 비행 계획이 치밀하게 짜여져 있기 때문에, 비행과 관련된 상황이 조금이라도 변하면 새로운 시간표와 비행 계획을 즉각 짤 수 있는 것이다.

목표와 관련된 중요한 사실 하나, 목표는 절대적인 운명fate이 아니라 '방향 설정' direction이라는 점이다. 구성원들에게 명령하고 구성원들을 구속하는 게 목표가 할 일이 아니다. 목표는 단지 구성원들이 달성해야 하는 대상일 뿐이다.

또한 목표가 있다고 해서 그 자체만으로는 미래를 결정할 수 없다. 목표는 기업의 자원과 역동적 힘을 활용하여 미래를 만들 때 필요한 수단일 뿐이다.

Peter F. Drucker

11

모든 위기의 근본 원인은 무엇인가

경영의 새로운 기법들, 예를 들면 다운사이징 · 아웃소싱outsourcing · 전사적 품질경영TQM · 경제적 부가가치분석economic value-added analysis · 벤치마킹 · 리엔지니어링 등이 이처럼 짧은 기간 동안 선보인 적도 없었다. 그러나 이 기법들은 모두 기업이 이미 하고 있던 것을 다른 방법으로 고안된 것이다. 이들은 '어떻게 하느냐' 에 관한 도구들how-to-do tools인 것이다.

그러나 이젠 '무엇을 하느냐' 에 관한 것what to do이 더 주목을 받고 있다. 장기간 성공을 누려온 대기업들도 이 때문에 골머리를 앓고 있다. 어제까지만 해도 초일류였던 회사가 정체되고, 좌절하고, 곤경에 처했을 뿐 아니라, 간혹 거기서 헤어날 수 없는 위기에 빠지는 것을 우리는 종종 본다. 이러한 현상은 미국에만 국한된 것이 아니다. 미국 · 유럽 · 일본, 그리고 우리나라에서도 흔한 일이 되었다. 이런 현상은 기업뿐만 아니라 노동조합 · 정부기관 · 병원 · 박물관, 그리고 교회에서도 일어나고 있다.

이런 모든 위기의 근본적인 원인은 무엇인가. 일을 잘못 수행하기 때문이라고 한마디로 단정짓기 어렵다. 그릇된 일을 했기 때문은 더더욱 아니다. 실은 대부분의 경우, 옳은 일을 했지만 성과가 없었기 때문이다.

그렇다면 이렇게 명백한 모순을 어떻게 설명할 것인가? 그것은 조직의 설립과 운영에 관한 가정들assumption이 더 이상 현실reality에 맞지 않는다는 것을 보여준다. 이 같은 '가정' 들은 어떤 조직의 행위를 결정짓는다. 또 할 일과 해서는 안 되는 일을 결정한다. 또 조직이 원하는 바람직한 결과가 무엇인지도 정해준다.

이런 가정들은 시장, 고객들과 경쟁자들, 그리고 그들의 가치와 행동에 관한 것이다. 그것들은 기술과 역동성, 회사의 강점과 약점에 관한 것들이다. 이러한 가정들은 "기업이 무엇으로 돈을 버는가?"에 관한 것이다. 드러커는 회사들이 갖는 이런 가정들을 기업이론business theory이라고 했다.

기업이론은 세 부분으로 구성되어 있다.

첫째, 환경environment에 대한 가정이다. 사회와 그 구조 · 시장 · 고객, 그리고 기술에 관한 가정들이다.

둘째, 조직의 구체적인 사명mission에 대한 가정들이다. 시어즈는 제1차 세계대전 동안과 그 이후에도 줄곧 자신의 사명을 "미국 가정을 위해 주문 상품을 구매하는 사람"으로 규정했다. 10년 후, 영국의 막스 앤 스펜서Marks & Spencer, M&S는 자신의 사명을 최초로 "계급차별 없는 소매상으로서 영국 사회를 변화시키는 대리인"으로 규정했다.

AT&T 역시 제1차 세계대전 동안과 그 직후, 자신의 역할을 "미국의 모든 가정과 기업에 전화 서비스를 보증하는 것"이라고 정의했다. 조직의 사명은 반드시 거창할 필요는 없다. GM은 훨씬 소박한 역할을 자처했었는데, 슬로언 2세Alfred P. Sloan, Jr의 말을 빌리면 "지상에서 모터가 달린 수송기기의 선두주자가 되는 것"이었다.

셋째, 조직의 사명을 달성하는데 필요한 핵심역량core competence에 대한 가정들이다. 예를 들어 1802년에 창설된 웨스트 포인트 미국 육군사관학교를 보자. 핵심역량을 "신뢰받을 수 있는 지도자를 배양하는 능력"이라고 규정했다.

1930년경 M&S는 자신의 핵심역량을 상품을 구매하는 능력 대신 "판매할 상품을 식별하고, 디자인하고, 개발하는 능력"으로 규정했다. 1920년경 AT&T는 "전화요금을 낮추면서도 서비스는 계속적으로 향상할 수 있는 기술적 주도권"을 회사의 핵심역량으로 규정했다.

환경에 대한 가정들은 "조직이 무엇으로 돈을 버는가" 하는 것을 규정한다. 사명에 대한 가정들은 조직이 중요시하는 결과를 규정해 준다. 다시 말해, 사명에 대한 가정들은 조직이 사회와 경제 전반에 걸쳐 자신을 다른 조직들과 어떻게 차별화할 것인가를 제시해 준다. 마지막으로, 핵심역량에 대한 가정들은 조직이 주도권을 유지하기 위해서는 어느 부분에 집중해야 하는지를 제시해 준다.

12

조직의 성공에는 훌륭한 기업이론이 필요하다

명료하고, 일관성 있으며, 타당한 기업이론을 도출하려면 수년간에 걸친 노력과 심사숙고, 시행착오를 거쳐야만 한다. 그렇지만 조직이 성공하려면 그처럼 훌륭한 기업이론을 반드시 갖고 있어야 한다.

그렇다면 효과적인 기업이론은 무엇으로, 어떻게 구성되어 있어야 할까. 그것은 네 가지로 나눠 볼 수 있다.

첫째, 조직의 환경 · 사명 · 핵심역량에 대한 가정들은 현실과 부합fit reality되어야 한다.

1920년대 초 영국 사회의 계급구조가 제1차 세계대전으로 인해 근본적으로 흔들리고 있을 때였다. 맨체스터 출신 무일푼의 사이먼 막스Simon Marks와 그의 세 처남들은 평범한 싸구려 가게가 사회변화를 촉진하는 역할을 해야 한다고 규정한다. 그리곤 품질 좋고 모양 좋은 제품들, 예컨대 란제리, 블라우스, 스타킹을 소비하는 새로운 소비자 집단을 이끌어낸다. 이 제품들이 바로 유명한 막스 앤 스펜서M&S를 성공시킨 최초의 제품들이었다. 이후 M&S는 전에 없던 신개념인 핵심역량을 계속 유지시켜주는 브랜드를 체계적으로 개발했다.

당시까지만 해도 유통업자의 핵심역량은 구매활동을 잘하는 것이었다. 그러나 M&S는 고객을 잘 아는 것은 생산업자가 아니라 유통업자라고 확신했다. 그러므로 생산업자가 아닌 판매업자가 제품을 디자인하고, 개발하고, 그 제품을 자신이 원하는 디자인, 사양 및 원가에 맞춰 생산해줄 제조업자들을 구해야만 한다고 생각했다. 판매업자에 대한 이러한 새로운 개념을 개발하고 또한 전통적인 공급업체(이들은 스스로를 '하청업자'가 아니고 '제조업자'라고 자부해 왔다)들을 설득시키기까지 5년에서 8년이란 긴 시간이 걸렸다.

둘째, 조직의 환경·사명·핵심역량 세 부문에 대한 가정들은 상호 부합fit one another되어야 한다.

이것은 아마도 GM이 수십 년간 상승가도를 달릴 수 있었던 가장 강력한 장점이었을 것이다. 시장에 대한 가정들, 그리고 최적 생산과정에 대한 GM의 가정들은 완벽하게 맞아떨어졌다. GM은 1920년대 중반, 그때까지는 없었던 새로운 개념인 핵심역량이 필요하다고 결정한다. 그것은 생산과정에 대한 재무적 통제와 자본배분에 관한 이론이었다. 그 결과 GM은 현대 원가회계와 최초의 합리적 자본배분 과정을 만들었다.

셋째, 기업이론은 조직 전체에 알려지고 이해되어야만known and

understood 한다. 이것은 조직의 초창기에는 쉬운 일이다. 그러나 조직이 성공함에 따라 기업이론을 당연시하는 풍조가 생기게 되고, 점차 이를 인식하지 못하게 된다. 그런 다음 조직은 느슨해지게 된다. 조직은 쉬운 길을 찾기 시작한다. 조직은 옳은 것보다는 편리한 것을 추구하기 시작한다. 조직은 생각하는 것을 멈춘다. 조직은 질문도 하지 않는다. 조직은 해답들은 기억하고 있지만 질문이 무엇인지는 잊어버린다. 기업이론은 '기업문화'가 되어 버린다. 그러나 문화는 원칙을 대신할 수는 없다. 기업이론이 바로 '원칙'인 것이다.

넷째, 기업이론은 끊임없이 재검토되어야tested constantly 한다. 기업이론은 돌에다 새겨놓은 것이 아니다. 그것은 하나의 가설이다. 그리고 그것은 끊임없이 변화하는 사회 · 시장 · 고객 · 기술에 관한 가설이다. 그러므로 기업이론 속에는 변화능력ability to change 그 자체가 포함되어 있어야만 한다.

기업이든 각종 사회단체든 모든 조직은 사실 알게 모르게 자신만의 기업이론을 갖고 있다. 명확하고도 일관성 있으며, 초점이 정확하게 맞춰진 기업이론은 강력한 힘을 발휘한다. 다시 말해 기업이론은 20세기 미국 경제를 주름잡았던 GM · IBM · AT&T와 같은 대기업의 성공뿐만 아니라 이들의 좌절도 설명해준다. 그렇게도 성공적이었던 세계적인 기업들이 각종 어려움에 시달리는 건 왜일까. 여러 가지 이유가 있겠지만 그중에서도 그들의 기업이론, 즉 조직의 환경, 사명 그리고 핵심역량이 새로운 사회와 시장, 고객과 일치하지 않았기 때문이다.

Peter F. Drucker

13

기업이론, 3년마다 폐기하라

기업마다 가지고 있는 기업이론은 아주 강력하기 때문에 장기간 유효하다. 그러나 인간이 만들어낸 기업이론은 영원할 수가 없다. 현실적으로 봐도, 오늘날의 기업이론들은 장기적으로 보면 버틸 수 없는 상황에 놓여 있다. 결국 모든 기업이론은 진부obsolescence해지고, 효과도 없어진다.

이 같은 현상은 1920년대에 설립된 미국의 대기업들인 GM · AT&T · IBM에게서도 일어났다. 그리고 도이체방크가 자랑하던 겸업주의 이론universal bank theory에도 발생했다. 또한 급속히 해체되는 일본 특유의 집단인 '계열'系列에도 분명 나타나고 있다.

어떤 조직의 기업이론이 진부해지면, 그 조직에서 나타나는 첫 번째 반응은 거의 언제나 방어적defensive이다. 이것은 머리를 모래 속에

처박고는 아무 일도 일어나지 않은 척하는 것과 같다. 다음 반응은, 80년대 초 GM이나 90년대 도이체방크처럼 미봉책을 쓰는 것이다. 사실, 도이체방크를 주거래은행으로 하는 독일 대기업들에게 급작스럽고도 전혀 예기치 못했던 위기가 계속해서 들이닥친 것은 무엇을 뜻하는가. 이는 독일 기업들의 기업이론이 더 이상 유효하지 않다는 것을 말한다. 또한 도이체방크가 목적하는 바, 즉 근대기업에 대한 효율적 지배를 더 이상 해내지 못하고 있다는 것을 의미한다.

그러나 미봉책은 효과가 전혀 없다. 기업이론이 진부화되는 징후가 나타나면 이런 질문을 시작해봐야 한다. 환경 · 사명 · 핵심역량에 관한 어떤 가정이 현실을 가장 정확하게 반영하고 있는가, 하는 점을 다시 검토하고 질문해봐야 한다. 기존의 기업이론들은 지금까지 우리 회사를 성장시켰지만, 이젠 더 이상 유효하지 않다는 것을 깨달아야 한다.

그렇다면 무엇을 해야 할 것인가? 거기에는 예방적 조치preventive measure가 필요하다. 조직 내에 기업이론을 체계적으로 감시하고 재검토할 수 있는 장치를 만들어야 한다는 의미이다. 조기진단도 필요하다. 쇠퇴하는 기업이론을 재조명하고 정책과 관습을 바꾸기 위한 효과적인 행동이 필요하다. 조직의 행동을 새로운 조직환경과 현실에 부합시켜야 한다. 사명에 대한 새로운 정의가 필요하고, 새로운 핵심역량을 개발하고 습득해야 한다.

예방적 조치에는 두 가지 종류가 있다. 이 조치를 지속적으로 이용하면, 조직은 계속 경각심을 갖게 된다. 뿐만 아니라 기업이론이 신속히 변화하는 효과도 맛보게 된다.

첫 번째 조치를 드러커는 '폐기' abandonment라고 불렀다. 매 3년마다 조직은 모든 제품, 모든 서비스, 모든 정책, 그리고 모든 유통망에 대해 다음과 같은 질문을 던져야 한다. "만약 우리가 이미 이것을 채택하지 않았다면, 지금 우리는 이것을 채택할 것인가?"

이미 채택된 정책이나 관행에 대해 의문을 제기해, 조직 스스로가 자신의 기업이론에 대해 재검토하도록 유도하는 것이다. 이는 가정을 재검토하는 것과 같다. 조직 스스로 다음과 같은 질문을 던질 필요가 있다. "5년 전 우리가 시작했을 때는 그렇게도 유망해 보이던 것이 이제는 왜 효과가 없는가? 우리가 실수했기 때문인가? 우리가 애초 잘못된 일을 했기 때문인가? 아니면 올바른 일임에도 불구하고 효과가 없었기 때문인가?"

체계적이고도 의도적인 폐기systematic and intentional abandonment가 없으면 조직은 자질구레한 사건들에 치여 꼼짝할 수 없게 되고 만다. 그렇게 되면, 조직은 절대로 해서는 안 되는 일, 또는 더 이상 해서는 안 되는 일에 시간과 돈을 낭비하면서, 동시에 조직의 가장 소중한 자원을 잃는 일도 일어날 것이다.

결과적으로 말하면, 조직은 자원의 부족을 겪게 될 것이다. 특히 시장, 기술, 핵심역량이 변할 때 발생하는 돈 버는 기회를 포착할 유능한 인재를 잃는 결과도 나타날 것이다. 기업이론이 진부하게 될 때 조직이 적절하게 대응하지 않으면, 돈을 벌 수 있는 좋은 기회를 놓치거나, 이에 건설적으로 대응할 수 없게 된다.

14

현장에서 경영하라

기업이론이 진부화되는 것을 방지하는 두 번째 예방적 조치는 다음과 같다. 기업 밖에서 무슨 일이 일어나고 있는지를 알기 위해서는, 특히 '고객이 아닌 사람들', 즉 비非 고객을 관찰하는 것이다. 수년 전에 '현장 배회주의 경영' management by wandering around이 유행한 적이 있다. 현장경영은 그만큼 중요하다. 고객들에 대해 가능한 한 많이 파악하는 것은 그만큼 중요하다.

그러나 현장에서의 근본적인 변화를 어디에서 처음 감지할 수 있을까. 아이러니컬하게도 고객이 아닌, 비 고객들에게서 처음 읽을 수 있다는 것이다. 이 같은 징후가 조직이나 고객들에게서 처음 나타나는 예는 사실 드물다. 비 고객들 숫자는 항상 고객들보다 많은 법이다. 월마트는 오늘날 세계 최대 소매점 체인임을 자랑하지만,

시장점유율은 미국 소비재 시장의 14%에 불과하다. 시장의 86%는 월마트 고객이 아니라는 것을 의미한다.

사실, 고객이 아닌 사람들의 중요성을 일깨워준 가장 좋은 예는 미국 백화점업계이다. 20여 년 전 최대 호황을 누리고 있을 때, 백화점은 식품을 제외하고 미국 소매시장의 30%를 점유했었다. 그들은 자신들의 고객에 대해 끊임없이 묻고, 연구하고, 조사했다. 그러나 그들은 고객이 아닌 나머지 70%에 대해서는 관심을 두지 않았다. 그렇게 할 이유가 없었던 것이다.

그러나 베이비붐 세대들이 성인이 될 무렵, 그 가설은 타당하지 않게 되었다. 베이비붐 세대 인구구조의 주요 구성층인 교육받은 맞벌이 부부 가정의 주부들은 달랐다. 이들이 쇼핑 장소를 결정하는 것은 돈이 아니었다. 시간이 일차적으로 중요한 요소였다. 어른이 된 베이비붐 세대의 여성들은 백화점에서 쇼핑하는데 시간을 소비할 수가 없었다.

백화점들은 오직 자신의 고객들만 고려했기 때문에, 이러한 변화를 처음엔 잘 인식하지 못했다. 이를 깨달았을 때는 이미 백화점 사업이 사양길로 접어들고 있었다. 베이비붐 세대를 끌어들이기에는 너무 늦었던 것이다. 비록 고객 지향이 중요하긴 하지만, 그것만으로는 충분하지 않다는 교훈을 백화점들은 비싼 대가를 치르고서야 깨달은 것이다. 조직은 그래서 시장을 중요시해야 한다.

잭 웰치 같은 기적의 경영자들이 등장해서 진부한 기업이론을 재활성화시켜 줄 것을 기대하는 것은 무리다. 아주 오래 전부터 기업의 대주주들과 관리자들은 병든 조직을 구제해 줄 기적의 경영자들을 물색해 왔다. 하지만 필요한 것은 천재가 아니라 고된 노력이다. 실제로 자신들이 근무하는 조직의 기업이론을 성공적으로 바꾸고, 또 기업이론의 진부화를 예방하는데 성공한 최고경영자들은 상당히 많이 있다.

그러나 기적의 경영자들이라고 추앙받는 이들에게 물어보면, 그들의 대답은 우리가 알고 있는 것에서 크게 벗어나지 않는다. 그들은 카리스마를 부정한다. 초능력이란 말도 강하게 부정한다. 그들은 단지 기업이론의 진단과 분석에서 출발했을 뿐이다. 그들은 목적달성과 빠른 성장을 위해서는 기업이론에 대한 심각한 재검토가 필요하다는 것을 인정하고 받아들였다. 그들은 예기치 못한 실패를 부하직원의 무능력이나 우연한 사고 따위로 지나쳐 버리지 않는다. 대신 이를 '시스템 실패' systems failure의 한 징후로 파악한다. 그들은 예기치 못했던 성공을 자신의 업적으로 돌리지 않는다. 대신 이를 기업이론의 가정들에 대한 도전으로 취급한다.

또한 그들은 기업이론의 진부화를 퇴행성 질병으로 받아들인다. 기업생명을 위협하는 무서운 병으로 보고 있는 것이다. 그리고 그들은, 퇴행성 질병은 머뭇거려서는 고칠 수 없다는 외과의사의 말에 철두철미하게 따른다. 단호하게 수술에 나서는 이유도 바로 여기에 있다. 육체의 나머지 부분이라도 살리려면 썩은 부분은 당연히 잘라내야만 한다. 기업을 포함하여 모든 조직도, 그리고 국가도 마찬가지다. 약한 부분을 잘라내야만 강한 부분이라도 살아남는다. 그것이 바로 구조조정이다.

Peter F. Drucker

15

기업사냥꾼, 전문경영자 개념을 깨뜨리다

1933년 아돌프. A 벌리 2세Adoloh A. Berle, Jr 와 가드너 C. 민즈Gardner C. Means는 미국 기업 역사상 가장 영향력 있는 책이라 할 수 있는《현대 기업과 사유 재산*The Modern Corporation and Private Property*》을 출판했다. 이 책에서 공저자들은 전통적 '소유주', 즉 19세기의 자본가들이 사라졌다는 것을 증명했다. 소유권이 얼굴 없는 수많은 투자자들에게 급속히 이전되고 있는 사실을 분명하게 밝혔다. 이 투자자들은 회사에 대해서는 관심이 없다. 오직 단기적 자본 이득에만 연연하는 이들이다.

벌리 2세와 민즈는 이어 소유권은 경영권과 결별했고, 법적 허구에 지나지 않으며, 경영자는 누구에게도 그리고 무엇에 대해서도 책임지지 않게 되었음을 증명했다.

그로부터 20년 뒤인 1950년, GE의 랄프 코디너Ralph Cordiner는 전문 경영자professional manager라는 개념을 제안하면서, 소유권과 경영권의 결별 사실을 받아들이고, 그것을 활용하려고 노력했다. 그는 "대규모 공개기업의 최고경영자는 하나의 수탁자trustee이다. 최고경영자는 기업을 주주 · 고객 · 종업원 · 공급자 · 지역사회 사이의 이익을 최선으로 균형있게 경영할 책임이 있다"고 주장했다. 그러나 코디너는 기업의 결과가 무엇인지에 대해 분명한 정의를 내리지 않았다. 그리고 '균형'을 이룬다는 관점에서 최선의 의미가 무엇인지도 명확하지 않았다.

또한 책임관계를 따지는 구조도 분명히 결여되어 있었다. 경영자로 하여금 성과와 결과에 대해 책임을 지도록 하기 위해 독립적이고 강력한 견제 기관이 필요했다. 그렇지 않으면, 전문 경영자는 계몽된 독재자enlightened despot가 되고 만다. 계몽된 독재자는 성과를 올리지도 못하고 또 오래 통치하지도 못하고 궁극적으로 몰락하고 만다. 이는 우리나라에서도 자주 볼 수 있다. 계몽된 군주가 현명한 철학자 군주이든 또는 기업의 최고경영자이든 간에, 흔히 일어나는 일이다. 독재자는 독재자일 뿐이다.

코디너식 경영방침의 약점을 단 한 번만에, 또 가장 확실하게 들춰낸 건 1970년대 후반에 불어닥친 적대적 인수였다. 코디너식 경영자들은 차례차례로 무너졌다. 살아남은 경영자들은 그들의 경영방식을 철저히 바꾸지 않을 수 없었다. 지금 최고경영자들 가운데 이해관계자들에 대한 '최선의 균형잡힌 이익' best-balanced interest을 위한 '수탁자' 의 자격으로 자신의 기업을 경영한다고 주장하는 사람은 단 한명도 없다.

연기금은 이런 변화를 몰고 온 촉진요소였다. 의결권이 소수의 연기금에 집중되었다. 연기금이 그 의결권을 적대적 인수자에게 양도할 의향이 없었다면 적대적 인수활동, 소위 레이더스Raiders(기업사냥꾼)의 공격은 시도조차 할 수 없었을 것이다. 여기저기 흩어져 있는 수백만 명의 개인 주주들로부터 의결권을 양도받아야 하는 레이더는 시간도 돈도 곧 소진하고 말 것이다.

확실히, 그 당시 연기금 운영자들은, 많은 기업 매매와 기업인수가 해당 기업에 초래할 영향에 대해, 또 경제에 미칠 영향에 대해 심각한 고민을 했다. 연기금 운영자들은, 프리미엄부 주식환매 같은 그린메일greenmail이나, 레이더스와 변호사, 투자은행가들이 벌어들이는 천문학적인 액수에 대해 도덕적으로 심각하게 의문을 품었다. 그런데도 불구하고 연기금 운영자들은 자신이 보유한 주식을 적대적 기업인수hostile M&A와 기업매매에 제공되는 것 외에 다른 선택이 없다고 느꼈다.

드디어 그들도 대규모로 이에 가담하게 되었다. 이들이 가담한 이유는 무엇 때문인가. 이런 거래가 즉시 자본이득을 제공한 반면, 연기금의 포트폴리오 즉 유가증권 분산투자는 대체로 그 성과가 빈약했기 때문이다. 적대적 기업인수와 기업매매가 불가피하게 발생한 것은, 혹은 적어도 그런 현상이 나타난 것은 이른바 계몽된 독재자식 경영의 성과가 너무 형편없었기 때문이다. 계몽된 독재자들은 성과와 결과에 대해 분명한 정의도 내리지 않았다. 그리고 누구에게 책임을 져야 하는지에 대해서도 분명히 하지 않았고, 그 결과 이 같은 형편없는 경영성적이 나온 것이다.

16

자동차 회사는 죽음의 상인商人인가?

기업, 병원 또는 대학과 같은 조직은 두 가지 측면에서 사회적 책임이 발생한다. 첫 번째 측면의 사회적 책임은 조직이 사회에 미치는 영향 때문에 발생한다. 이는 조직이 사회에 '대하여' toward 행하는 것에 대한 책임이다. 두 번째 측면의 사회적 책임은 사회 자체가 만드는 문제 때문에 발생한다. 따라서 이는 조직이 사회를 '위하여' for 할 수 있는 책임이다.

이 두 가지 분야 모두 경영자가 관심을 기울여야 할 사항이다. 그 이유는 경영자가 경영하는 조직은 필연적으로 사회와 지역사회 내에서 존재하기 때문이다.

현대 조직은 사회에 대하여 특정 서비스를 제공하기 위하여 존재한다. 따라서 현대 조직은 사회 속에 있어야 하고, 지역사회와 이웃이 되어야 하며, 사회적 맥락 속에서 경영하지 않으면 안 된다. 조직은 과업을 수행하기 위해 사람을 고용하여야 한다. 따라서 조직은 그 존재 이유인 특정 사업의 공헌에만 국한되지 않고, 그것을 넘어 영향을 미친다.

병원의 목적은 간호사와 조리사를 고용하는 것이 아니라 환자를 돌보는 것이다. 그러나 병원이 환자를 돌보기 위해서는 간호사와 조리사가 필요하다. 그와 동시에 병원과 간호사 그리고 조리사 등은 직장 공동체work community를 형성한다.

합금철 공장의 목적은 소음을 내는 것도, 유독 가스를 배출하는 것도 아님은 두말할 나위 없다. 그것은 고객에게 고성능·고품질의 금속을 제공하는 것이다. 그렇게 하기 위하여 회사는 불가피하게 소음을 내고, 공장 주변의 온도를 높이고, 가스를 배출하게 된다.

비록 지역사회가 이 같은 문제점들을 일체 거론하지 않고, 또한 지역주민들이 공장의 공해와 관련해 문제 삼으려는 환경단체의 어떤 시도에 대해서 호응하지 않는다 해도, 여러 가지 사회문제에 대해서 조직은 관심을 기울여야 한다.

이와 대조적으로, 두 번째 사회적 책임은 조직 활동의 영향 때문이 아니라, 사회 자체의 역기능 때문에 발생한다. 조직은 진정 사회의 한 기관이기 때문에, 여러 가지 사회문제는 곧 조직에 영향을 미친다. 우수한 기업, 건전한 병원, 훌륭한 대학은 병든 사회에서는 존재할 수 없다.

따라서 경영자는 비록 사회의 여러 질병을 자신이 경영하는 기업이 일으킨 것이 아니라 해도, 건전한 사회를 만들기 위해 그것에 대해 관심을 가져야 한다. "주민이 반대하지 않는다"라고 말하는 것만으로는 충분하지 않다. "그런 문제를 해결하려는 어떤 행위도 인기 없는 짓이 될 것이고, 또한 동업자들로부터 불만을 산다"는 변명은 먹히지 않는다. 조만간 사회는 누가 야기했든 간에 조직의 사회적 영향에 대한 해결책을 마련하지 않는 조직에게 비싼 대가를 요구하게 될 것이기 때문이다.

그런 예가 과거 미국의 자동차 산업에서 있었다. 1940년대 말, 포드 자동차는 미국의 운전자의 안전을 높이기 위해 안전벨트가 달린 차를 출시했다. 그러나 소비자의 반응은 의외로 냉담했고 매출액은 곤두박질쳤다.(지금도 인도에서 판매되는 일부 소형 자동차에는 백미러가 없다.) 결국 포드는 안전벨트 부착을 중단하지 않을 수 없었고, 안전 의식이라는 아이디어까지 버리고 말았다. 그후 15년 뒤, 미국의 운전자들이 안전성을 인식하게 되자, 소비자들은 자동차 회사들을 "안전성에 대해 전혀 관심이 없는 죽음의 상인"이라고 신랄하게 비난했다.

Peter F. Drucker

17

기업 스캔들은 기업의 책임이다

의도하진 않았지만 결과적으로 '사회적 폐해'를 낳았다면 조직은 어떻게 처리해야 하는가? 처리 원칙은 간단하다. 사회와 지역사회, 그리고 개인에게 미치는 폐해들 가운데 조직의 목적과 사명을 달성하는 과정에서 발생한 게 아닌 것들은 최소화해야 한다. 그리고 가능하다면 모두 제거해 버려야 한다. 폐해를 끼치는 원인이 된 활동을 중지하는 것도 좋은 방법이다. 폐해 자체를 제거할 수 있다면 가장 좋은 방법이다. 그리고 유일한 해결책이다.

그러나 대부분의 경우 조직 활동을 중단할 수는 없다. 그러므로 원인이 되는 활동은 유지하면서도, 폐해를 제거하기 위해서는 체계적인 조치를 취해야 한다. 그렇게 하기 위한 이상적인 접근 방법은 무엇일까. 폐해를 제거하는 활동을 돈을 벌 수 있는 기회로 전환하는 것이다. 대표적인 사례가 많다.

미국의 대표적 화학회사인 다우 케미컬Dow Chemical과 듀퐁Dupont사의 경우가 바로 그것이다. 이들이 대기오염과 수질오염을 다루어 온 방법을 보자. 제2차 세계대전 직후 다우 케미컬은 환경문제에 대하여 손을 대기 시작했다. 일반 대중이 외치기 훨씬 전의 일이다. 모든 공장에 대해 무오염 정책zero-pollution policy을 채택한 것이다. 1920년대 듀폰은 자신의 공업제품들 가운데 상당수가 유독성 부작용이 있다는 사실을 알았다. 그래서 독성을 시험하고 또 독을 제거하는 프로세스를 개발하기 위해 연구소를 만들었다. 당시 다른 모든 화학 회사들은 이 같은 오염과 독성을 당연하다고 여겼다. 그러나 듀폰은 대기와 물의 오염을 제거하기 시작했다.

그후 듀폰은 공업제품의 독성제거 사업부를 별도의 사업으로 발전시키기로 결정했다. 이 연구소는 지금 듀폰뿐만 아니라, 무독성 화합물을 개발하려는 다양한 고객들, 제품의 독성을 시험하려는 많은 고객들을 상대로 사업을 하고 있다. 듀폰은 자사가 초래하는 폐해를 사업기회로 전환하면서, 공해문제 자체를 제거했던 것이다.

이처럼 문제를 제거하는 것 자체가 사업기회로 전환되는 일은 반드시 시도되어야 한다. 그러나 이 같은 시도가 모두 성공하는 것은 아니다. 같은 산업 내의 모든 기업이 같은 규제를 받는 게 아니라고 한다면, 규제를 받는 기업만 경쟁상 불리한 처지에 놓이게 된다. 따라서 같은 산업 내의 폐해를 제거하려는 목적은 공적인 규제를 통해서 달성해야 한다.

돈을 들여야만 폐해를 제거할 수 있다면 어떻게 해야 할까. 시민과 기업 양쪽에 최소한의 비용을 부담시키면서 문제의 해결 가능성이 가장 큰 규제조치가 무엇인가를 생각해야 한다. 이게 경영자의 임무다.

그 다음, 경영자는 올바른 규제를 입법화하기 위해 노력해야 한다. 경영자는 지금껏 이런 책임을 회피해 왔다. 사회 문제에 대한 전통적인 태도는 언제나 "아무것도 규제하지 않는 것이 가장 좋은 규제다"라는 것이었다. 그러나 앞으로도 규제가 완화될 것으로 기대한다면, 이는 경영자가 고의적으로 장님 노릇 하는 것과 같다. 이런 생각은 궁극적으로 기업 스캔들을 일으킨다. 기업의 사회적 영향과 폐해에 대해 경영자가 책임을 져야 하는 이유는 간단하다. 기업 스캔들은 사회적 책임이 아니라, 바로 기업의 책임이기 때문이다.

사회문제는 사회의 역기능dysfunction이며, 기능적인 사회functional society를 좀먹는 퇴행성 질병이다. 따라서 조직의 경영자, 특히 기업의 경영자들은 이 같은 질병을 해결해야 할 의무가 있다.

그런데 '질병 해결'은 돈을 벌 수 있는 새로운 기회이기도 한다. 기업의 기능은 사회가 필요로 하는 것을 충족시키는 동시에 기업의 목적을 달성하는 것이기 때문이다.

18

임금을 3배 올리고도 노무비를 절감한 포드 자동차

사회문제의 해결책을 사업으로 '전환' 시키는 게 바로 사회적 혁신이다. 혁신은 오직 기술에 국한된다고 생각하는 경영자는 수준 낮은 사람이다. 기업경영의 역사를 통틀어 볼 때, 사회적 변화와 사회적 혁신은 적어도 기술과 맞먹을 정도로 중요한 것들이다.

19세기의 주요 산업들도 마찬가지다. 대부분은 새로운 사회적 환경을 새로운 사업기회나 새로운 시장으로 '전환' 하고 '개척' 한 결과였다. 예를 들어 공업도시의 등장을 두고 경영자들은 새로운 '사업의 기회' 라고 인식했다. 처음에는 가스를 이용하는 조명기구를 만드는 산업이 등장했다. 다음에는 전기를 이용하는 조명기구 산업이 뒤따랐다. 시내 전차와 도시간 전차산업이 크게 발전했고, 전화·신문 · 백화점 산업이 새로 등장했다.

"사회문제를 사업기회로 전환하기 위한 좋은 기회는 어디에 숨어 있는가"라는 질문이 있을 수 있다. 역설적이지만 그 기회는, 신기술 · 신제품 · 새로운 서비스 속이 아니라, 바로 그 문제 속에 숨어 있다고 해도 과언이 아니다.

사회문제를 '해결'하는 것은 곧 사회적 혁신을 하는 것을 뜻한다. 이를 위해 제1차 세계대전 직전 몇 년 동안의 미국을 살펴보자. 당시 미국은 고용 불안이 극심했고, 실업률도 높았다. 숙련 노동자의 시간당 임금이 15센트에 지나지 않을 정도로 임금이 낮았다. 포드 자동차가 1913년 연말 자사의 노동자 전원에게 일당 5달러의 고정임금을 지급하겠다고 발표한 것도, 그런 사회적 배경 때문에 나온 것이다.

헨리 포드Henry Ford를 설득해서 이 같은 결정을 내린 사람은 포드 자동차의 최고경영자 제임스 쿠젠스James Couzens였다. 당시 노동자의 고통이 너무나 컸기에, 제임스 쿠젠스는 급진적이고 획기적인 조치만이 효과가 있을 것이라는 점을 확신했다. 물론 그는 회사의 인건비가 하룻밤 사이에 거의 3배나 뛸 것이라는 사실도 잘 알고 있었다. 그렇지만 다른 한편으로는, "비록 임금을 3배 이상 올려도 포드 자동차의 실질적 노무비는 감소할 것"이라고 예측했다. 곧 그가 옳았다는 것이 증명되었다.

포드가 그 조치를 통해 미국 노동시장의 흐름 전체를 바꾸기 전까지만 해도 포드 자동차의 노동 이직률은 매우 높았다. 1912년의 경우 평균 1만 명의 노동자를 확보하기 위해 대략 6만 명을 고용해야

했을 정도로 이직률이 극심했었다.

새로운 임금제도가 시행되자 이직은 거의 없어졌다. 그 결과 얻어진 전체 노무비의 절감액은 막대했다. 그 발표 후부터 수년간 모든 원자재의 가격이 급상승했음에도 불구하고, 포드 자동차는 안정된 근로자들을 동원해 모델T 자동차를 값싸게 생산하고, 크게 이익을 올리는 단맛을 보았기 때문이다.

포드가 그 당시 자동차시장의 선두주자로 올라서게 된 것은 역설적이게도 과감한 임금 인상과 이 때문에 발생한 노무비의 절감 덕이었다. 동시에 포드의 고정급 지급 결정은 미국의 산업사회를 변혁시켰다. 포드가 미국의 노동자들을 기본적으로 중산층으로 만들어 놓은 것이다. 헨리 포드는 사회문제를 사회적 혁신정책을 통해 해결하는 데 성공한 것이다.

기업의 건강은 곧 경영자의 책임이다. 건강한 기업과 병든 사회는 양립하지 않는다. 건강한 기업은 건강한 사회, 혹은 적어도 제 기능을 발휘하는 사회가 있어야만 성립할 수 있다. 따라서 지역사회가 이미 건강해야만 성공적으로 성장하는 기업들도 탄생할 수 있는 것이다.

사회적 문제들이 저절로 소멸될 것이라고 기대하는 것은 어리석은 생각이다. 문제가 소멸되는 것은, 누군가가 그것에 대해 어떤 조치를 취해 주어야만이 가능하다. 여기서 누구는 경영자 자신, 정부 그리고 시민단체 가운데 하나가 될 것이다. 사회문제가 기업의 스캔들로 커지기 전에 대책을 세우는 것이 곧 경영자가 할 일이다.

19

경영자는 의사결정에 필요한 지식을 가져야 한다

기업의 사회적 영향 때문에 발생한 것이 아닌 문제, 그리고 사업기회로 전환할 수 없는 문제에 대해서 기업은 어느 정도까지 책임을 져야 하는가?

실제 사례를 보자. 존 린제이John Lindsay 전 뉴욕 시장은 이렇게 말했다. "여기에 흑인 거주지 게토ghetto가 있다. 이것을 어떻게 하면 좋을지는 아무도 모른다. 정부, 사회사업가 혹은 지역사회 단체가 어떤 노력을 하든지 간에, 사태는 더욱 악화되는 것으로 보인다. 따라서 대기업이 책임을 지는 것이 좋다."

린제이 시장이 게토 문제를 해결해 줄 사람을 열심히 찾고 있었던 것은 이해할 수 있다. 사실 그를 좌절시킨 게토 문제는 절망적인 것이었다. 뉴욕시에 대하여, 미국 사회에 대하여, 그리고 서구세계 전체에 대하여 큰 위협이 되고 있는 것이다.

그러나 게토 문제를 경영자의 사회적 책임으로 돌리는 것은 타당한가? 아니면 경영자의 사회적 책임에는 한계가 있는 것일까. 그렇다면 그 한계는 어디까지일까.

경영자는 하인이다. 그의 주인은 그가 경영하는 조직이고, 그의 첫 번째 책임은 당연히 그 조직에 대한 것이어야 한다. 그의 첫 번째 과업은 자신의 조직이 본연의 기능을 발휘하도록 하고, 존재 목적에 공헌하도록 하는 것이다. 그 조직이 기업이든, 병원이든, 학교든, 대학이든 마찬가지다.

자신의 회사 또는 조직을 등한시하는 이는 무책임한 사람이고 또 신뢰를 저버린 사람이다. 또 조직이 쇠퇴하고 있음에도 불구하고 회사의 최고경영자 또는 조직 책임자로서의 지위를 이용해 공적인 인물이 되고자 하는 이도 마찬가지다.

조직 스스로가 고유의 사명을 수행한다는 것은 사회의 첫 번째 요구이자 관심사이다. 만약 조직 고유의 과업을 수행하는 능력이 감소하거나 손상된다면, 사회로서는 아무것도 얻는 것이 없다. 오직 손실뿐이다. 조직의 기능 수행은 조직이 최우선으로 수행해야 하는 사회적 책임이다. 만약 조직이 그 성과를 책임지고 실행하지 않는다면, 그 조직은 다른 어떤 과업도 수행할 수가 없다.

실제로 부도가 나서 도산한 기업은 바람직한 고용주가 될 수 없다. 지역사회의 좋은 이웃이 될 수도 없다. 그런 기업은 내일의 일자리를 창출하는 데 필요한 자본을 조달하지도 못할 것이고, 내일의 노동자를 위한 기회도 만들지 못할 것이다. 내일의 지도자와 전문직을 양성하는 데 실패한 대학은, 사회적으로 아무리 많은 '좋은 활동'에 기여한다고 하더라도 그것만으로는 사회적 책임을 다했다고 볼 수는 없을 것이다.

무엇보다도, 경영자는 기업의 위험을 보상하는 데 필요한 '최소한의 필수 수익률' minimum required rate of return을 올려야 할 필요가 있다. 기업이 경제적 수행능력의 한계를 무시한 상태에서, 경제적으로 뒷받침할 수도 없는 사회적 책임을 떠맡으면, 그 기업은 곧바로 곤경에 빠지게 된다.

따라서 경영자는 의사결정에 필요한 지식을 갖추어야 한다. 그리고 경영자는 자신이 부담할 수 없는 사회적 책임에 대해 다른 사람에게 충분히 설명할 수 있을 정도의 지식을 가져야 한다. 정치가에게, 언론에게, 일반 시민에게 필요한 경우 충분히 설명해줄 수 있어야 한다.

기업의 경영자는 이익의 객관적인 필요성 그리고 이익의 기능에 대하여 충분히 알고 있어야 한다. 만약 경영자가 그런 노하우에 대해 아무것도 아는 것이 없는 '무지의 포로' prisoner of ignorance라고 한다면 어떤 결과가 나올까. 그런 경영자는 기업의 안팎을 막론하고 모두에게 폐해만 끼치는 사람이다.

20

'경영'과 '기업경영'은 의미가 다르다

경영과 관련된 가정假定들은, 자연과학의 패러다임을 위한 가정들보다 훨씬 더 중요하다. 자연과학의 패러다임은 자연세계에서는 아무런 영향을 끼치지 않는다. 천동설과 지동설이라는 자연과학의 패러다임을 예로 들어 보자. 태양이 지구를 돈다거나 또는 그 반대로 지구가 태양을 돈다고 주장한다 해도, 그 주장 자체가 태양과 지구의 운행법칙에 아무런 영향을 끼치지는 않는다. 게다가 자연과학의 현실, 즉 물리적인 우주와 그 법칙은 변하지 않는다.

그러나 경영과 같은 사회과학의 원칙은, 인간의 행동과 인간이 만든 조직의 행동을 연구해서 나온 결과다. 따라서 사회적 우주에는 '자연법칙'과 같은 그런 불변의 원칙은 없다. 그리고 사회적 우주는 끊임없이 변한다. 어제까지 적합했던 사회과학의 가정들이 오늘은 부적합할 수 있고, 어느 한순간에는 완전히 틀리게 될 수도 있다.

그러므로 경영과 같은 사회원칙을 만들 때 가장 중요한 것은 기본 가정들이다. 기본 가정의 변화는 그만큼 중요하다. 경영에 관한 연구가 최초로 시작된 이래, 경영의 현실realities of management과 관련해 대부분의 학자들과 경영자들은 두 종류의 가정을 했다.

첫 번째 가정은 경영의 원칙discipline에 관한 것들이었다. ❶경영은 곧 기업경영이다. ❷세상에는 단 하나의 조직구조만 존재한다, 또는 존재해야만 한다. ❸사람을 관리하는 데에는 단 하나의 올바른 방법만이 존재한다, 또는 존재해야만 한다.

두 번째 가정은 경영의 실천practice에 관한 것들이었다. ❶기술, 시장 그리고 최종 수요자는 '주어진' 것이다. ❷경영의 범위는 '법적으로' 규정된다. ❸경영은 조직 내부에 초점을 맞춘다. ❹기업과 경영의 '생태환경' ecology은 국경으로 둘러싸인 한 국가의 경제에 한한다.

이제는 경영에 대해 잘 모르는 사람들조차 '경영' 이란 말을 들으면 자동적으로 '그것은 바로 기업경영일 것' 이라고 알아듣는다. 경영management과 기업경영business management을 동일한 것으로 인식토록 한 것은 기업business에 대한 적개심과 기업경영자businessman에 대한 경멸감을 유발한 미국의 대공황이었다. 대공황의 원인을 기업의 탐욕으로 보았기 때문이다. 대공황시대에는 어떤 조직의 운영에 '경영' 이라는 말을 사용하지 않는 게 트집 잡히지 않는 최선의 방법이었다.

그 당시 경영이라는 글자 때문에 오는 불신감을 해소하기 위해 공공부문의 경영management in the public sector은 '공공행정' Public Administration

이라는 단어를 사용하여 용어의 차별화를 꾀했다. 레이몬드 슬로언(GM 회장 알프레드 슬로언의 동생)은 병원을 대상으로 한 경영연구를 할 때 '병원관리' Hospital Administration라는 이름을 붙였다.

그러나 제2차 세계대전이 끝난 뒤부터 상황이 반전됐다. 1950년이 되자, 기업은 '듣기 좋은' 단어가 되어 버렸다. 그것은 주로 제2차 세계대전 중 미국의 기업경영이 올린 성과 때문이었다.

그후로부터 지금까지, 경영과 기업경영은 학계뿐만 아니라 일반 대중들 사이에서도 동일한 의미로 인식되고 있다. 그러나 이것은 잘못된 가정이다. 마치 의학이 내과만을 의미하는 것이 아닌 것처럼 말이다.

경영은 어떠한 조직, 모든 조직들의 구체적이고 독특한 기관organ이다. 지금 우리는 50년이나 된 오랜 실수를 바로잡아가고 있다. 많은 경영대학들이 '기업경영대학' college of business management에서 '경영대학' school of management으로 명칭을 바꾸고 있다. 또 '비영리 단체 경영' nonprofit management에 대한 교육과정을 늘리고 있다. 또 기업경영자와 비기업경영자 모두를 대상으로 하는 '최고경영자 과정' executive management programs 이 등장했고, 심지어 신학교에서도 '교회 경영' 과목을 채택하고 있다.

Peter F. Drucker

21

경영혁신이란 고객을 창조하는 기업가의 능력이다

근래 10여 년 동안 전세계 기업계에서 경영혁신business innovation만큼 자주 사용된 용어도 드물 것이다. 사실, 마이클 해머Michael Hammer가 비즈니스 리엔지니어링을, 그리고 같은 시기에 토머스 데이븐포트Thomas Davenport가 프로세스 이노베이션을 주창하면서, 이전의 어떤 경영관련 용어보다 경영혁신이 관심의 대상이 되었다.

많은 사람들은 경영혁신을 Z이론 · OR이론 · 기업문화 · 컨베이어 시스템 · JIT · 대량생산방식 · 과학적 관리법 등등, 기업경영과 관련된 이런 용어들과 연관시켜 생각하고 있다. 하지만 경영혁신의 이론적 원류는 조지프 슘페터이다. 전통적으로 경제학은 산업사회의 생산요소를 노동과 자본으로 보았으나 슘페터는 혁신을 이윤창출의 내생변수로 보았다. 고전 경제학에서는 투입되는 자본과 노동의 양을 확대하여 기업을 성장·존속시킨다고 생각했으나, 슘페터는 1926년《경제발전의 이론》에서 새로운 원료의 조달, 새로운 제품의 생산, 새로운 시장의 발견, 새로운 생산방식의 도입, 그리고 새로운 조직방법의 채용으로 기존의 방식을 "창조적으로 파괴"하여 이익을 창출한다고 주장했다.

슘페터가 혁신에 대해 경제학적으로 접근했다면, 슘페터의 이론을 순수한 의미에서 경영학 분야에 적용한 것은 피터 드러커이다. 드러커는 여러 저서와 논문에서 경영혁신의 이론과 방법을 제시했고, 이를 1985년《경영혁신과 기업가정신*Innovation and Entrepreneur*》에서 총정리했다.

경영혁신은 기업가가 실천한다. 그리고 경영혁신이란 기업가정신의 발휘를 위한 특유의 수단이다. 경영혁신은 어떤 인적·물적 자원에 부富를 만들어내는 새로운 능력을 부여해주는 활동이다. 자연 그대로는 자원이 될 수 없다. 인간이 그 활용법을 알아내어 자연에 경제적인 가치를 부여할 때 비로소 자원이 될 수 있다. 인간이 그 사용가치를 발견하기 전까지는 모든 식물이란 잡초이고 모든 광석은 하나의 돌덩어리일 뿐이다.

백여 년 전까지만 하더라도 땅에서 스며나오는 원유도, 알루미늄 원광原鑛도 결코 자원이 될 수 없었다. 이것들은 (농사짓는 사람에게는) 토양을 망치는 한낱 귀찮은 존재에 불과했다.

또 하나의 예를 들면, 페니실린 곰팡이도 자원이 아니라 한낱 병균이었을 뿐이었다. 세균학자들은 당시 박테리아의 배양을 통해 페니실린균의 침해를 방지하는 데에 큰 진전을 보게 되었다. 그후 1920년대 런던의 의사 알렉산더 플레밍Alexander Fleming, 1881~1955은 이 페니실린균이야말로 그렇게도 세균학자들이 찾아 헤매던 박테리아를 이길 수 있는 세균임을 알아내게 되었다. 이때부터 페니실린 곰팡이는 매우 귀중한 자원이 되었다. 전혀 쓸모없는 세균이나 광물질도 그 용도를 발견하면 (슘페터 식으로 말하면 새로운 원료와 제품) 이익을 창출한다.

인류역사상 최초로 여러 종류의 기술과 지식을 가진 생산적인 사람이 '조직' 이라는 곳에 한데 모여서 일하도록 만들어준 '유용한 지식' 으로서의 경영학이야말로 금세기 최대의 경영혁신이다. 경영학은 정치적 사회적 이론에 의하지 않고도 현대사회를 무언가 새롭게 만드는, 즉 조직의 사회로 바꾸어 놓은 것이다.

드러커에 따르면, 경영혁신이란 '고객을 창조하는 기업가의 능력' 이라고 요약할 수 있다. 아무리 좋은 제품이나 훌륭한 기술이라 하더라도 그것을 구입해줄 고객(또는 시장)을 찾지 못하면 의미가 없다. 따라서 끊임없이 경영혁신을 하는 기업만이 존속할 수 있다.

22

경영혁신은 천재가 하는 것이 아니다

흔히 경영혁신이라고 하면 뛰어난 경영자나 훌륭한 기술자가 아이디어를 창안하고, 또 추진하는 것으로 생각한다. 경영혁신은 배울 수 있는 것도 아니므로, 기업의 대다수 구성원은 관심 둘 바가 아니라고 생각한다. 그러나 그것은 틀렸다. 우리는 혁신가innovator와 발명가inventor를 혼동해서는 안 된다.

신기술의 발명에 의한 경영혁신의 예는 아주 많다. 그러나 많은 발명은 발명으로 끝나고 말았다. 토머스 에디슨Thomas Edison, 1847~1931의 그 많은 발명품이 모두 제품화된 것은 아니며 오히려 에디슨은 사업적으로는 실패했다. 기업의 목적은 생존이고, 생존은 이익의 창출로 가능하다고 본다면, 발명품의 상업적 가능성을 발견하고 이익을 창출하는 것은 혁신가이고, 경영자이고, 또한 종업원이다.

사실 새로운 산업을 만들고, 평범한 기업을 남다른 기업으로 바꾼 것은 평범한 사람의 작은 아이디어에서 출발한 것이 많다. 새로울 것이라곤 전혀 없는 햄버거 가게를 세계적 체인점 맥도날드로 만든 것은 셰이크기계 세일즈맨 레이 크록Ray Kroc이다. 그는 햄버거의 제조법과 원료의 표준화라는 단순한 아이디어로 출발했다. 그것도 그의 나이 50이 넘어서의 일이다.

컨테이너 화물차의 본체를 바퀴로부터 떼어내서 화물선으로 옮기는 아이디어 그 자체는 새로운 기술이라고 할 수도 없다. 이러한 발상에서 생긴 경영혁신인 컨테이너는 기술로부터 발생한 것이 아니라, 전통적 시각과 달리 화물선을 단순한 배로 보지 않고 운반기구로 인식하고, 항구에서의 화물선의 체류시간을 최소화하려는 필요성 때문에 탄생되었다.

이런 평범한 경영혁신 때문에 해운업의 생산성은 4배로 증가했으며 해운업의 위기를 구해주었다. 아마도 이 컨테이너가 없었다면 급속한 세계 교역량의 증대는 불가능했을 것이다.

경영혁신은 천재가 하는 것도 아니고 또 그들에게만 맡겨 둘 것이 아니다. 종업원의 평범한 아이디어를 수집하고 혁신으로 연결하는 것이 곧 경영자의 임무이다.

Peter F. Drucker

23

경영혁신은 타이밍이 중요하다

경영혁신을 추진할 때는 타이밍이 중요하다. 잠수함이나 비행기는 20세기 초에 제품화되었지만, 그 설계는 이미 16세기에 레오나르도 다빈치Leonardo Davinci, 1452~1519가 거의 완벽하게 완성했다. 그러나 잠수함이나 비행기를 만드는 데 필요한 금속, 생산기술이 등장하기까지는 500년이라는 세월이 필요했다. 따라서 추진하는 모든 경영혁신이 뜻한 바대로 성공할 수야 없겠지만, 경영혁신을 추진할 때는 성공확률 즉 타이밍을 따져보아야 한다.

혁신의 원천이랄까, 성공 가능성의 타이밍은 대체로 세 가지로 정리해 볼 수 있다.

첫째, 인구구성의 변화이다. 제품이든, 용역이든, 아이디어든 그것을 사가는 것은 사람이다. 이제 한국도 고령화 사회로 접어들었다.

따라서 노인용 제품과 노인과 관련된 용역은 경영혁신의 좋은 대상이다. 또 수명의 증가와 더불어 저출산이 하나의 추세인데, 아이를 적게 낳는 만큼 아이 단위당 투자는 늘어날 것이다. 유엔인구기금이 발간한 〈2008년 세계 인구 현황보고서〉에 의하면 한국의 출산율은 1.2명으로, 홍콩(0.96명) 다음으로 세계에서 두 번째로 낮다. 이대로 간다면 2028년에는 인구성장이 정지할 것으로 예상된다고 한다. 따라서 유아를 위한 시장도 증대할 것으로 예상할 수 있다.

둘째, 사회의 인식변화이다. 소득 수준의 향상과 정보의 확산은 인간생활에 필요한 의·식·주 가운데 우선 입는 옷에 대한 고급화가 일어난다. 그것은 섬유산업에 관한 표현의 변화에서도 나타난다. 섬유산업은 1970년대는 직물산업, 1980년대는 의류산업, 1990년대 이후로는 패션산업으로 그 표현이 변하고 있다.

음식에 있어서도 외식산업이 증가할 것으로 예상할 수 있다. 주택분야에 있어서도, 집을 단순히 추위를 막고 잠자는 장소라는 생각에서 벗어나 다양한 형태의 삶에 적합한 디자인을 요구하게 될 것이다.

셋째, 새로운 지식과 기술의 등장이다. IT산업과 통신산업의 발달이 몰고 온 사회의 전반적인 변화가 그 예이다. 휴대폰의 크기는 작아지는 한편, 인터넷과 동영상 기능을 포함하여 성능은 더욱 높아지고 있어 이런 기술의 발전은 새로운 시장을 창출한다.

24

지식 르네상스인 피터 드러커

필자가 피터 드러커를 알게 된 것은, 더 정확히 표현하면 드러커의 저서를 읽은 것은 1960년대 후반 대학시절과 1970년대 초반 직장생활을 할 때였다. 그때 읽은 책들이 《The Practise of Management》(2006년 《경영의 실제》로 필자 번역으로 출간됨), 그리고 유명한 《The Age of Discontinuity》(2004년 《단절의 시대》로 필자 번역으로 출간됨)였다.

드러커는 1909년생이므로 그 당시 이미 60세였다. 그후 필자는 직장 생활에 바빴고, 드러커 책은 물론, 책과는 거리가 먼 생활을 했다. 그러다가 1980년대 초 필자는 대학에 자리를 잡았고 후학을 양성하던 중 1992년 말 한국경제신문사로부터 《자본주의 이후의 사회*Post Capitalist Society*》의 번역을 의뢰받고 깜짝 놀랐다. 아직도 살아 계셨단 말인가? 그리고 83세의 나이에 집필활동을 하시면서?

이 책이 드러커의 마지막 책일 가능성도 있다는 생각에, 그해 겨울 방학, 책의 내용과 관련한 것은 물론이고 그의 생애에 관한 이야기를 듣고 싶어 면담을 요청했다. 솔직히 답장이 오리라는 기대는 별로 하지 않았었다. 그로부터 일주일이 채 안 되어 구식 타자기로 친 깨알 같은 글씨의 팩스가 왔다. 클레어몬트 자택 주소와 LA에서 자택에 이르는 약도의 설명 그리고 언제부터 언제까지 오면 만날 수 있다는 반가운 내용이었다.

드러커의 자택은 미국 교외지역에서 흔히 볼 수 있는 평범한 주택이었다. 그의 서재 겸 거실은 너무나 간소했으며, 각종 경영 경제 관련 신간 및 잡지류가 테이블 위에 가득했다.

드러커의 지적 편력은 소년기 때부터였다. 오스트리아의 고급 관리였던 부친과 그리고 프로이트의 제자이며 의사였던 모친을 찾아온 많은 공무원, 학자, 비엔나의 사교계 인사들과 어울릴 기회를 일찍부터 가졌던 것이다. 드러커는 자신이 조사한 연구결과를 많은 명사들 앞에서 발표하기도 했다. 그 당시 드러커가 만난 사람들 가운데는 경제학자 조지프 슘페터와 폰 미제스, 소설가 토마스 만 등이 있었다. 드러커는 함부르크 대학과 프랑크푸르트 대학에서 공부했고, 1931년 동 대학에서 법학박사 학위를 취득했다. 그후 신문기자로 활약하던 드러커는 나치의 박해가 심해지자 영국으로 건너가 은행에 근무하면서 〈이코노미스트〉 등 신문과 잡지에 기고했다.

1937년 드러커가 미국으로 간 것은 영국은행 컨소시엄의 경제담당 해외 통신원 자격이었다. 이 무렵 드러커는 나치즘, 즉 전체주의의 종말을 예견하는 최초의 저서 《경제인의 종말*The End of Economic Man*》을 발표해 센세이션을 일으켰고, 미국의 정치학회로부터 정식 회원 자격을 얻었다. 드러커는 GM의 경영진단을 했고 이를 바탕으로 1946년 명저 《기업의 개념*Concept of The Corporation*》을 썼다. 그후 드러커는 민간인 신분으로 마셜플랜에도 참가했는데, 당시 조지 마셜 장군과의 만난 경험을 리더십 차원에서 분석하여 논문으로 기고하기도 했다. 1950년부터 1970년까지 20년간 드러커는 뉴욕 대학에서 가르쳤다.

드러커는 미국 생활 초기 시절, 헨리 루스가 경영하는 〈타임〉지와 〈포춘〉지에 기고하기도 했는데, 그 당시 미디어 이론으로 유명한 마셜 맥루한, 건축가이자 미래에 대한 통찰력이 뛰어났던 기술자 벅민스터 풀러 등과 지적 교분을 맺었다. 그 사이 남부의 명문 에모리 대학과 하버드 대학의 초청을 거절하고 1971년부터 타계하기 직전인 2005년까지 캘리포니아의 클레어몬트 대학에서 경영학을 필두로 사회과학을 가르쳤다. 이 대학은 경영대학의 명칭을 '피터 F. 드러커 경영대학원'으로 개명했다.

드러커의 저술 영역은 법학 · 정치학 · 경제학 · 경영학 · 사회학, 즉 사회과학 전 분야에 걸쳐 39권의 저서가 있고, 수필집은 물론이고 소설도 두 권 썼다. 하버드 비즈니스 리뷰에 35편의 논문, 그리고 월스트리트 저널, 애틀란틱 만슬리, 포린 어페어즈 등 미국의 유력지에 기고했다. 지식 르네상스인 드러커는 "미래를 예측하는 가장 좋은 방법은 미래를 결정해 버리는 것이다"라고 했다. 미래는 지금 살아가는 우리가 만드는 것이라는 의미이다. 그렇게 보면 드러커 교수는 그 긴 세월을 스스로 생산성 높게 만들어 온 셈이다.

Peter F. Drucker

25

지식의 활용 경쟁이 기업의 성패를 좌우한다

서양의 역사에는 수백 년마다 한번씩 급격한 '변혁'이 일어났다. 어떤 중심적인 사건을 전후해서 수십 년 동안의 전환기transition period는 사회 자체를 재조정한다. 세계를 보는 관점, 기본적 가치관, 사회적 정치적 구조, 예술을 보는 관점을 바꾸고, 주요한 사회 제도와 사회 기관들을 재조직한다.

역사적으로 주요 변혁의 사례를 살펴보면, 1455년 요하네스 구텐베르크Johannes Gutenberg, 1400~1468가 활판인쇄술을 발명하여 책을 인쇄하게 된 때부터 루터가 종교개혁을 일으킨 1517년에 이르는 60여 년 동안 사회적 전환이 일어났다. 이 기간이 바로 르네상스의 전성시대였다.

그 다음의 변혁은 1776년부터 시작되었다. 그해는 미국 독립운동이 시작되었고, 제임스 와트James Watt, 1736~1819가 증기기관을 완성했으며, 애덤 스미스Adam Smith, 1723~1790가 《국부론》을 쓴 해였다. 그 전후로 산업혁명이 진행되었고, 자본주의가 확산되면서 공산주의도 뒤를 이었다.

그로부터 200여 년이 지난 지금, 우리들이 살고 있는 시대 또한 진정한 하나의 변혁의 시대transformation age이다. 지금의 전환기는 자본주의 사회capitalist society를 자본주의 이후 사회Post-Capitalist Society, 즉 지식사회knowledge society로 만들고 있다. 그러나 이번의 전환은 지금까지와는 달리 서양사회와 서양역사에만 국한된 것이 아니다. 이제는 다만 세계역사와 세계문명만 있을 뿐이다.

'자본주의 이후 사회'의 모습을 정확히 예측하려는 것은 위험스러운 일이다. 그렇지만 그 사회에서 제일 중요한 자원은 '지식'이라는 것만은 확실하다. 고대 서양에서도 동양에서도 지식은 자기 자신을 알기 위한 목적, 즉 인격도야가 주목적이었다. 그러나 1750년경부터 지식은 인간의 내면이 아니라 인간의 외부에, 다시 말해 작업도구·제조공정·제품에 적용되기 시작했다. 그것이 산업혁명industrial revolution을 일으켰던 것이다.

그로부터 100년 후인 1880년경부터 제2차 세계대전에 이르기까지 지식은 작업에 적용되어 생산성혁명productivity revolution을 일으켰다. 프레더릭 테일러Frederick W. Taylor, 1856~1915를 비롯한 과학적 관리학파가 주도한 작업연구와 시간연구를 통해 육체노동자의 생산성을 월등히 올린 것이다. 오늘날은 지식이 지식에 적용되어 지식혁명knowledge revolution을 일으키고 있는 것이다.

지식은 지금 빠른 속도로 자본과 노동을 대신하여 가장 중요한 생산요소가 되고 있으며, 우리가 살고 있는 사회를 '지식사회'knowledge society로 만들고 있다. 자본이 가장 중요한 생산요소인 사회를 자본주의 사회라 하고, 노동을 가장 중요시하는 사회를 공산주의 사회라 부른다면, 지식이 가장 중요한 생산요소인 사회를 우리는 지식사회라고 명명하지 않을 수 없다.

현대 역사 초기의 모든 경제 강국들, 즉 영국, 미국, 독일은 새로운 기술의 선도자 역할을 하면서 강국으로 등장했다. 그들은 증기기관·방적기·전신·전화·철도·전기, 그리고 화학제품의 발명을 통해 선진국이 되었다.

그러나 제2차 세계대전 후에 등장한 경제강국들 즉 일본·한국·대만·홍콩·싱가포르는 모두 그들의 경제성장을 프레더릭 테일러의 과학적 관리법에 기초한 훈련에 공을 돌려야만 한다. 테일러의 방식은, 그때까지만 해도 여전히 산업사회 이전 단계 국가였고 낮은 임금의 근로자들뿐이었던 이들 나라들로 하여금 짧은 시간 내에 세계적 수준의 생산성을 올리도록 해주었다. 바꾸어 말해, 작업에 대한 지식의 적용은 노동자의 노동생산성labor productivity을 폭발적으로 증가시켰던 것이다.

이제 생산성혁명은 끝났다. 1950년대에는 모든 선진국에 있어서 물건을 생산하고 운반하는 일에 종사하는 근로자들이 노동력의 다수를 차지하고 있었다. 1990년경이 되자, 그들은 전체 노동력의 5분의 1로 줄어들었다. 2010년이면 그들은 10분의 1이 채 안될 것이다. 제조업·농업·광업·운송업 등에 종사하는 육체노동자들의 생산성

증가 그 자체로는 더 이상 부富를 창조할 수 없다. 앞으로 중요한 것은, 근육을 사용하지 않는 지식근로자들의 생산성이다. 그것은 지식을 지식에 적용하는 것을 의미한다. 아이디어와 디자인 그리고 창의가 강조되는 것도 바로 이런 이유에서이다.

산업사회에서 우리가 기업을 경영한다는 것은 다른 모든 기업이 생산하는 제품과 서비스를 생산하되, 그것을 보다 낮은 원가로 생산하고, 보다 낮은 가격으로 판매하여 고객을 만족시키는 것을 의미했다. 21세기 지식사회 기업의 성패를 좌우하는 것은 이제 더 이상 원가경쟁이 아니다. 그것은 지식의 활용 경쟁이다.

Peter F. Drucker

26

기업의 최대 자산은 '지식근로자' 이다

우리는 앞으로의 기업과 근로자에 대해 상당히 많은 부분을 예측할 수 있다.

첫째, 기업 경영방식은 과거와는 매우 다를 것이다. 그 이유는 정보가 이미 세상의 모든 사람에게 공개되고 있으므로, 어떤 기업도 세계화 차원에서 경쟁력을 확보해야 하기 때문이다. 비록 대상 시장이 완전히 어떤 국가의 지역 내라 하더라도 말이다.

둘째, 생산활동은 전세계적으로 지속적으로 늘어날 것으로 보이지만, 전세계적으로 제조부문의 고용인력은 급속히 줄어들 것이다. 노동력의 숫자뿐만 아니라 비율로도 그렇다. 제2차 세계대전 후 50여 년 동안 농업인구가 숫자상으로나, 전체 노동력에서 차지하는 비율에서나 모두 감소한 사회발전과 같은 현상이다.

셋째, 지식근로자는 모든 선진국의 노동력 가운데 수치로는 이미 가장 규모가 큰 단일 집단이 되어가고 있으며, 또한 노동력 가운데 임금 수준이 가장 높다. 그러므로 어떤 국가, 어떤 산업, 그리고 어떤 기업의 경쟁적 지위는 지식근로자의 생산성을 향상하는 데에 한층 더 의존하게 될 것이다.

미래의 역사학자들은 20세기에 일어난 사건들 가운데 무엇을 가장 중요한 사건으로 기록할 것인가. 두 차례에 걸친 세계대전? 원자폭탄? 정보 혁명? 이에 대해 피터 드러커는 20세기에 발생한 (인간의 삶의 모습을 엄청나게 변화시켰고 또한 전례가 없었던) 인구 혁명을 손꼽고 있다. 20세기, 모든 선진국에서 노동력은 전례 없는 변화를 겪었다. 대부분 지식을 필요로 하지 않는 미숙련 육체노동unskilled manual work을 하는 노동자로부터, 일차적으로 지식작업knowledge work을 하는 지식근로자로 변한 것이다.

20세기 초, 어떤 나라도 예외 없이 노동인구 100명당 90~95명은 육체노동자manual worker로서, 농부와 그들의 일꾼들, 가정의 하인들, 공장의 노동자들, 광부들과 공사판의 인부들이었다. 그리고 평균수명(그 당시 최고 선진국인 프랑스의 평균수명이 40세였다)과 평균 근로수명working life expectancy은 매우 낮았고, 근로자들은 그 당시 노인 인구로 취급되기 시작하는 연령, 즉 50세가 되기 훨씬 전에 육체적으로 무능력하게 되어버렸다.

그러나 지금은 인간의 평균수명, 그리고 개인의 평균 근로수명, 특히 지식근로자의 평균 근로수명은 급속도로 증가한 반면, 기업을 비롯한 고용기관employing institutions의 평균 존속기간은 실질적으로 감소하고 있다. 게다가 기술의 변화가 매우 빠른 시대, 세계화로 인해 경쟁이 증가하는 시대, 그리고 엄청난 혁신의 시대를 맞아 고용기관(기업, 병원, 각종 사회단체 등)의 성공적 존속 기간은 앞으로도 계속 감소할 것이 거의 확실하다.

20세기 초, 어느 나라에서도 심지어 최고의 선진국에서조차도 지식근로자knowledge worker는 매우 희소했다. 노동인구 가운데 지식근로자가 2~3퍼센트를 넘는 나라가 거의 없었다. 지금 미국의 경우, 지식근로자는 노동인구 중 대략 40퍼센트가 넘는다. 2020년까지는 다른 선진국들 그리고 한국도 그 정도가 될 것이다. 이들 지식근로자들은 자신이 필요로 하는 지식을 보유하고 있기 때문에 생산수단을 자신이 소유하고 있는 셈이다. 더욱이 그들의 지식은 그들 머릿속에 있기 때문에, 생산수단의 휴대가 가능하다. 생산수단의 휴대가 가능하기 때문에 그들은 전례 없이 이동성이 높다.

지식은 과거의 어떤 자원과 비교해도 매우 다른 자원이다. 지식은 오직 고도로 전문화되었을 때에만 효과를 발휘한다. 뇌신경 외과의사가 제 역할을 하는 것은 그가 뇌수술에만 전문가이기 때문이다. 만약 그가 환자의 혈액 속에서 열대성 기생충을 발견한다면 분명 그는 아무런 손도 쓸 수 없을 것이다.

앞으로 지식근로자는 자기 자신을 고용기관과 더 이상 동일시하지 않게 될 것이다. 그들은 자신의 지식분야와 자신을 동일시하게 될 것이다. 우리가 아무리 종업원의 충성심을 강조한다 하더라도, 지식근로자는 점점 더 필연적으로 자신이 근무하고 있는 조직보다도 자신의 전문분야를, 자신의 정체감을 확인시켜주고 특정지어 준다고 여기게 될 것이다.

어떤 기업도 똑같은 원재료를 똑같은 가격으로 구입할 수 있다. 자본 조달은 전세계적으로 가능하다. 그리고 육체노동은, 즉 전통적인 생산요소는 대부분의 기업에서 상대적으로 중요하지 않은 요소가 되었다.

결론적으로, 앞으로 기업의 단 하나의 의미있는 자산, 즉 경쟁 우위competitive advantage는 기업이 보유하고 있는 지식근로자와 지식근로자의 생산성이다.

Peter F. Drucker

27

당신은 무엇 때문에 봉급을 받는가?

프레더릭 테일러가, 뒷날 사람들이 과학적 관리scientific management라고 부르게 되는, 모래를 삽질하는 일을 연구하기 시작했을 때, 노동자에게 "해야 할 과업이 무엇인가?", "왜 그것을 하는가?"라는 질문은 생각하지 않았다. 그가 질문한 것은, "그것은 어떻게 수행되어야 할 것인가?" 하는 것뿐이었다.

거의 50년이 지난 후, 하버드대학의 엘튼 메이요Elton Mayo, 1880~1949는 과학적 관리법을 파기하려 했고, 그것을 후에 인간관계론human relation이라고 부르게 된 것으로 대치하려고 했다. 그 역시 테일러처럼, 노동자에게 "해야 할 과업이 무엇이고, 왜 그것을 하는가?"라고 질문하지 않았다. 웨스턴 일렉트릭Western Electric 사의 호손Hawthorne 공장에서 수행한 유명한 실험에서, 그는 오직 "어떻게 하면 전화 배선

장치를 가장 잘 만들 수가 있는가?"라고 질문했을 뿐이었다. 물건을 생산하고 운반하는 육체작업에 있어서, 과업이란 생각할 필요가 없는 당연한 일로 여겨진다.

그러나 지식작업의 생산성 향상에 있어서 무엇보다도 먼저, "해야 할 과업은 무엇인가, 우리는 무엇을 수행하려 하는가?", "도대체 왜 그것을 해야 하는가?"라고 물어야만 한다. 지식작업의 생산성을 향상시키기 위해서는 그 과업을 다시 정의해야 한다. 다시 말해 지식작업에 있어서는 과업의 내용을 분석한 뒤, 하지 않아도 될 일 그리고 수행할 필요가 없는 일들을 제거하는 일이 가장 중요하다. 그 결과 훨씬 큰 성과를 거두게 된다.

이러한 일을 하기 위해서는 모든 지식근로자에 대하여 다음과 같은 질문을 해야 한다. "당신은 무엇 때문에 봉급을 받는가?", "당신의 직무는 어떤 가치를 창출하기로 되어 있는가?"

지식작업knowledge work은 일반적인 작업으로 취급되어서는 안 된다. 지식작업은 그 내용이 동일하다고 가정할 수 없기 때문이다. 산업사회, 공장의 기계공은 배운 대로 일을 했다. 기계는 (더 정확하게 말해, 기계의 사용법에 관한 매뉴얼은) 기계공으로 하여금 무엇을 어떻게 하도록 방법을 가르쳐 주었다. 지식근로자도 기계를 필요로 한다. 그것이 컴퓨터이든, 초음파 분석기이든, 또는 망원경이든 관계없다. 그러나 그 기계는 지식근로자에게, 어떻게 하라고 방법을 제시하지 않는 것은 물론, 무엇을 하라고 지시하지도 못한다. 그 기계를 조작할 수 있는, 지식근로자의 몸에 밴 지식이 없이는 고가의 정교한 기계는 무용지물이다.

게다가, 산업사회의 역사를 통틀어, 모든 작업자들은 무엇을 해야 하는지, 그리고 얼마나 빨리 해야 하는지 상사로부터 지시를 받았고, 또 지시받은 대로 작업하는지 감독을 받았다. 그러나 지식근로자들에게는 지시를 할 수도, 실질적으로 감독을 할 수도 없다. 지식근로자들은 자신의 전문분야에 대해 조직 내의 어떤 사람보다도 더 잘 알고 있지 않으면, 그들은 근본적으로 쓸모가 없다.

지식작업들은 몇 개의 뚜렷한 범주로 나누어 취급되어야만 한다.

첫째, 지식작업에 속하는 몇몇 작업들에 있어서 성과란 곧 질質을 의미한다. 그 하나의 예가 연구소인데, 연구소에서는 성과의 양量, 즉 연구결과의 수는 질에 대하여 부차적인 것에 불과하다.

둘째, 성과의 내용이 질과 양 두 가지로 구성되는 지식작업도 광범위하게 존재한다. 예를 들면 백화점의 현장 판매원의 성과, 소비재 제조 및 판매회사 경영자의 성과가 이 부류에 속한다.

마지막으로, 물건을 생산하고 운반하는 일의 성과와 비슷한 지식작업도 많다. 예를 들면 보험회사의 보험금 청구서의 접수 및 처리 업무라든지, 병원에서 병상을 꾸미는 일 등이다. 이런 직무에서 질은 조건이자 통제기준이다. 그것은 성과 그 자체는 아니다. 그것은 업무과정 속에 포함되어 있어야 한다. 이 부류의 성과는 대부분 양에 의해 측정된다.

지식직업knowledge job에 종사하는 사람 가운데 큰 성과를 올리는 사람은 비교적 적다. 왜냐하면 사람의 목표달성능력performance capacity과 그의 지능, 상상력, 지식 수준 사이에는 거의 상관관계가 없기 때문이다.

머리는 좋은 사람이 놀랄 만큼 터무니없는 짓을 하는 예는 흔하다. 그들은 뛰어난 지적 통찰력 그 자체가 바로 성과로 이어지는 것이 아니라는 사실을 인식하지 못하고 있다. 그들은 지적 통찰력은 매우 체계적인 작업을 통해서만 성과와 연결된다는 것을 배워야 한다. 지식근로자는 스스로 방향을 정해야만 하고, 그 방향은 기업의 성과에, 즉 목표달성에 초점을 맞추지 않으면 안 된다. 그는 지식, 아이디어, 그리고 정보를 창출한다.

지식근로자가 창출한 이런 생산물은 그 자체만으로는 아무 쓸모가 없다. 누군가 다른 사람이, 즉 다른 지식근로자가 그것을 투입물로써 이용하여 새로운 생산물로 바꾸어야만 한다. 지금 우리가 지식이라고 의미하는 것은 행동하는 데 효과가 있는 정보이고, 결과에 초점을 맞춘 정보이다.

따라서 지식작업의 생산성을 향상하기 위해서는, 기업은 전문적 지식을 가진 지식근로자들을 하나의 팀처럼 작업하도록 해야 한다. 지식근로자의 생산성은 상사의 손에 달려 있는 것이 아니라 거의 대부분 지식근로자 자신의 손에 달려 있다는 의미이다.

Peter F. Drucker

28

자신의 강점과 가치를 파악하라

조직의 구성원은 두 가지 목적을 갖고 살아간다. 첫째, 제품이든 서비스든 간에 조직 외부에 결과result를 제공하고 내부적으로 성과performance 향상을 통해 조직의 목적 달성에 공헌contribution한다. 둘째, 인간으로서 자신의 성장personal growth을 추구한다. 이 두 가지 목적을 달성하기 위해 지식근로자는 다음과 같은 질문을 통해 자신의 강점과 가치를 파악해야 한다.

아래의 물음들은 언뜻 "너 자신을 알라"라는 철학적 경구를 연상시키면서 거부감마저 들게 할 수 있으나, 사실은 매우 현실적이고 또한 필수적인 물음이다.

첫째, "나의 강점strength은 무엇인가?"

농경사회 그리고 거의 최근까지도, 귀족이나 고관, 재산가의 후예가 아닌 일반 사람의 자식들이 자신의 강점을 안다는 것은 그들의 장래에 별 도움이 안 되거나 오히려 걸림돌이 되는 경우가 많았다. 예를 들면, 농부의 자식은 대체로 농부가 되었고, 대장장이의 자식은 대장장이가 되었다. 자신의 독특한 재주가 집안의 전통적인 직업과 맞지 않을 때는 갈등이 일어난다. 그러나 지식사회, 이동사회에서는 먼저 자신의 강점을 파악하고 그것을 바탕으로 승부를 걸어야 한다. 왜냐하면 사람은 자신의 약점weakness을 바탕으로 성과를 쌓아 올릴 수는 없기 때문이다.

둘째, "나는 어떤 방식how으로 성과를 올리는가?"

놀랍게도 자신이 어떻게 일을 하는지 아는 사람들이 매우 적다. 대체로 그것은 비성과non-performance를 보증하는 첩경이다. 어떤 사람에게 무엇에 대한 소질, 즉 강점이 '주어진 것' 처럼, 일하는 방법도 '주어진 것' 이다. 따라서 사람은 자신이 잘하는 방식으로 일을 할 때 최상의 결과를 얻는다.

셋째, "나는 읽는 자reader인가, 듣는 자listener인가?"

정보를 수집할 때 사람은 읽는 자와 듣는 자로 구분할 수 있는데, 양쪽 다 겸한 사람은 드물다. 상세한 리포트를 좋아하는 상사에게 구두로 보고하려는 부하. 반대로, 보고서를 읽지 않는 상사에게 서류만 제출하고 결재서류가 내려오기만 기다리는 부하. 모두 조직에서 실패하기 십상이다. 자신의 유형을 파악하고 함께 일하는 사람에게 주지시키는 것이 효율적인 조직 구성원이다.

넷째, "나는 어떻게 배우는가?"

사람이 배우는 데는 단 한 가지의 옳은 방법만 있다는 가정은 잘못된 것이다. 베토벤은 엄청난 양의 작곡 스케치북을 남겼다. 그렇지만 베토벤은 실제로 작곡할 때면 스케치북을 한번도 들춰보지 않았다고 한다. 누군가 "그렇다면 도대체, 당신은 스케치북을 왜 사용합니까?"라고 물으면, 그는 "악상이 생각날 때 즉시 기록해두지 않으면 곧 잊어버리니까요. 악상을 스케치북에 기록하는 동안 기억하게 되므로 절대 잊어버리지 않지요. 그러니 스케치북을 다시 볼 필요가 없지요"라고 대답했다고 한다.

GM을 세계 최대의 기업으로 성장시킨 알프레드 슬로언은 경영활동 대부분을 소규모의 열띤 회의를 통해 수행했다. 그는 다음과 같이 말했다고 한다. "회의가 끝나고 즉각 사무실에 앉아서 회의 때 논의된 모든 것에 대해 곰곰이 생각해보지 않으면, 그런 뒤 그것을 정리해놓지 않으면, 나는 24시간 이내에 잊고 말 것이다."

자신이 스스로 말하는 것을 들으면서, 또는 스스로 무엇을 해보면서 배우는 사람도 있다. 어떤 중역이 부하를 불러놓고, 부하가 지루해 하며 하품을 하는데도 혼자 계속 열변을 토한다면, 그는 지금 자신의 생각을 정리하고 있는 중이라 생각하면 거의 틀림없다.

다섯째, "나는 다른 사람들과 함께 어울려 일을 잘하는 스타일인가? 아니면 혼자 일하는 스타일인가?"

자신이 다른 사람들과 함께 일을 잘한다는 사실을 파악했다면, "나는 어떤 관계relationship에서 다른 사람들과 잘 어울려 일을 하는가?"라고 질문해야 한다. 어떤 사람은 팀의 구성원일 때 가장 일을 잘한다. 어떤 사람은 팀의 코치로 일할 때 뛰어나게 잘한다. 혼자 일하는 스타일의 사람은 재택근무 또는 개인 사무실을 차릴 수 있는 일자리가 매우 적합할 것이다.

여섯째, "나는 스트레스를 받으면서도 일을 잘하는가, 아니면 매우 조직화된 작업환경이나 예측 가능한 환경을 더 좋아하는가?"

미국의 전문경영인들 가운데는 벤처회사를 성공적으로 키워놓고는, 자신보다 경영관리를 더 잘하는 사람에게 맡기고 떠나버리는 사람들이 있다.

일곱째, "나는 거대한 조직의 작은 부품으로서 일할 때 가장 잘하는가, 또는 작은 조직에서 최고로 일을 잘하는가?"

두 가지 종류의 조직 어디에서도 적응을 잘하는 사람은 거의 없다. 대규모 기업에서 거듭해서 성공적으로 일했던 사람이 소규모 조직으로 옮겼을 때 비참하게 실패하는 예가 많이 있다. 반대로, 소규모 조직에서 계속해서 매우 뛰어난 성과를 올린 사람들이 대규모 조직으로 스카웃되자마자 비참한 실패를 맛보기도 한다.

여덟째, "나는 의사결정자decision maker로서 성과를 올리는가, 아니면 조언자advisor로서 만족하는가?"

많은 사람들이 조언자로서 일할 때는 최상의 성과를 올리지만, 그들은 의사결정에 따르는 부담이나 압력을 견디지 못하는 경우가 많다. 그 이유는, 그가 의사결정자가 아니기 때문이다. 전쟁을 치를 때 기습을 당했다고 하자. 분명 여러 가지 상황 판단이 필요하다. 그런데 그 판단시간이 15분을 넘기는 지휘관은 야전군을 지휘해서는 안된다.

아홉째, "나의 가치관은 무엇인가, 나는 어디에 속해야 하는가, 그리고 나는 어디에는 속하지 말아야 하는가?"

어느 대기업의 전도유망한 간부가 사업상 뇌물을 제공해야 할 처지에 놓이게 되자, 그는 과감히 사표를 썼다. 19세기 유럽의 어느 외교관은 자국에 유리한 조약체결을 위해 어쩔 수 없이 뚜쟁이 노릇을 하게 되었다. 그는 면도를 하다 말고 거울에 비친 자신의 얼굴을 보고는 "내가 뚜쟁이란 말인가?"라는 질문을 하고는 외교관 생활을 청산했다. 지식근로자는 자신의 가치관에 맞지 않을 때 과감히 "아니오"라고 말해야만 한다. 그러면 그는 조직 생활과 인생에서 참담한 실패를 맛보지 않을 것이다.

29

너 자신의 시간을 알라

효과적인 지식근로자는 어떤 신규 프로젝트를 시작할 때, 프로젝트의 내용부터 먼저 검토하지 않는다. 그들은 자신이 '사용할 수 있는 시간' 부터 먼저 고려한다. 그리고 자기가 사용할 수 있는 시간에 비해 비생산적인 업무들을 잘라낸다. 왜냐하면 프로젝트의 성공에 가장 결정적인 자원은 '시간' 이기 때문이다.

이 세상에 시간만큼 독특한 것도 없다. 시간은 저축할 수 없다. 한 번 가버린 시간은 복구할 수도 없다. 시간은 또한 대체 불가능한 자원이다. 시간은 남으로부터 빌릴 수도 빌려줄 수도 없다. 시간은 살 수도 팔 수도 없다. 더 많이 쓸 수도 더 적게 쓸 수도 없다. 그리고 시간은 누구에게나, 사장에게나 사원에게나, 부자에게도 가난뱅이에게도 똑같이 24시간이다. 이처럼 시간의 공급은 완전히 고정적이다.

그리고 사람들은 시간의 소비자들이다. 보다 정확하게 말하면, 대부분의 사람들은 시간 낭비자들이다.

세상에는 시간을 비생산적인 데에 쓰도록, 그리고 낭비하도록 하는 압력이 끊임없이 가해지고 있다. 어떤 지식근로자라도, 그가 경영자이든 아니든 간에, 전혀 성과를 올리지 못하는 일에 꽤 많은 시간을 빼앗기고 있다. 조직에서 높은 지위에 올라가면 갈수록, 시간은 더 많이 낭비된다. 모든 지식근로자, 특히 모든 경영자는 연속적인 시간단위를 사용할 필요가 있다. 사용 가능 시간이 짧은 단위로 쪼개져 있다면 전체 시간이 아무리 많아도 별 소용이 없다. 예를 들어 연속적인 150분은 아침, 오후, 저녁 각각 50분씩 일하는 것과 시간의 양은 같다. 그러나 전자는 생각하며 일할 수 있지만, 후자는 사실상 아무 것도 제대로 못한다.

100년 전, 프레더릭 테일러가 육체작업에 대한 동작연구motion study와 시간연구time study를 통해 숙련 및 비숙련 노동자의 시간을 관리하면서부터 시간관리의 필요성은 인식되고 있었다. 그러므로 지식근로자에 대한 체계적 시간관리는 시간관리 활동에 있어 두 번째 단계인 셈이다.

우리는 다음과 같은 자기진단 질문diagnostic questions을 통해 비생산적이고도 시간을 낭비하는 활동을 찾아내어 제거해야 한다.

첫째, "전혀 할 필요가 없는 일, 즉 어떤 결과도 거둘 수 없는 완전한 시간낭비형 일은 무엇인가?"

시간 낭비적인 일을 찾아내기 위해서는 모든 활동에 대해 다음과 같이 질문해봐야 한다. "이 일을 애당초 시작하지도 않았더라면 어떤 일이 일어났을까?" 만약 그 대답이 "별일 없어"라고 나오면, 그 일을 당장 그만두어야 한다. 꾸물댈 시간이 없다.

둘째, "내가 하고 있는 활동들 가운데, 비록 나보다 더 잘하지는 못한다 해도, 다른 사람이 나만큼 잘할 수 있었던 일은 어떤 것인가?"

매일 저녁 만찬회에 참석해야 했던 어떤 사장은 공식 만찬 행사의 3분의 1은, 회사의 고위급 임원이면 누구라도 대신 참석해도 된다는 사실을 알았다. 그런 행사에는 방명록에 회사명을 기재하는 것으로 충분했다는 것이다.

셋째, "체면 때문에 시간이 낭비되는 일은 무엇인가?"

참석하지 않아도 될 회의에, 따돌림당하는 신세가 되지 않기 위해 억지로 참석하는 회의는 얼마나 많은가? 미국의 어떤 회사는 부하들의 소속 욕구를 만족시켜주고, 또한 불참자의 체면을 살려주면서도 시간을 낭비하지 않는 방법을 사용하고 있다. 그 회사의 사장은 회의 전에 다음과 같은 내용의 메모를 복사하여 배포한다. "나는 스미스, 존스, 그리고 로빈슨에게, 수요일 오후 3시, 4층 회의실에서 내년도 자본지출 예산을 논의합니다. 참석 예정자 명단과 관계없이 회의의 내용을 알아야겠다거나 또는 회의에 참석하기 바라는 사람은 참석할 수 있습니다. 또 회의가 끝나면 토의 내용과 결정 사항을 즉시 알려드리겠습니다."

넷째, "회사가 과잉 인력을 보유하고 있는 것은 아닌가? 그리고 시간을 낭비하는 조직구조상의 결함은 없는가?"

인원이 너무 많은 경우, 그들은 일 자체보다는 그들 사이에 '상호작용'하는 데 더 많은 시간을 소비한다. 어떤 신규 프로젝트를 두고 어느 부서가 맡을지를 두고 서로 다투는 회사가 있다면, 그 회사는 대체로 인력 과잉이다. 그리고 회의를 빈번히 개최해야 하는 조직은, 그것이 조직구조상의 결함 때문은 아닌지 생각해 보아야 한다.

이상적으로 설계된 조직(항상 변하는 세계에서 이것은 물론 꿈 같은 얘기지만)에서는 회의 같은 것은 필요없다. 모든 사람은 자신의 업무수행상 알아야 할 필요가 있는 것을 모두 알고 있고, 또 모든 사람이 자신의 업무를 수행하는 데 필요한 자원을 갖고 있기 때문이다. 그러므로 너무 자주 열리는 회의는 단일 직무 요소에 포함되어야 할 과업이 여러 부서에 분산되어 있다는 것을 암시한다. 회의가 많다는 것은, 정보가 필요한 사람에게 제공되고 있지 않다는 사실을 나타낸다.

다섯째, "의사소통 장애 등 정보와 관련된 기능 장애는 없는가?"

조직 문제의 60퍼센트는 커뮤니케이션의 미숙으로 유발된다. 커뮤니케이션 효율 향상을 위한 제도와 교육이 필요하다.

여섯째, "시간을 연속적으로 사용할 수 있는 방법, 즉 방해를 받지 않고 시간을 한 묶음으로 사용할 수 있는 방법은 무엇인가?"

예를 들면, 모든 일상적인 업무—회의, 검토, 문제점 토론 등—는 일주일에 두 번, 월요일과 금요일에 하고, 그 나머지 날들의 오전에는 중요한 일에 연속적으로 몰입한다.

일곱째, 모든 업무에는 마감일을 정해둔다.

만약 마감일을 지키지 못하게 되면, 이는 자기 시간이 자신도 모르게 낭비되었다는 것을 의미한다. 시간은 가장 희소한 자원이므로, 그것을 관리하지 못하면 다른 아무 것도 관리하지 못한다.

"너 자신을 알라"(Know yourself)라는 오래된 지혜 처방은, 죽음을 면치 못하는 운명의 인간에게는 사실상 거의 불가능할지도 모른다. 그러나 모든 사람은, 만약 그가 원하기만 한다면 "너 자신의 시간을 알라"(Know your time)라는 명제를 따를 수 있고, 그 결과, 조직에 대한 공헌과 자기계발이라는 목표를 달성할 수 있다.

Peter F. Drucker

30

중요한 것부터 먼저 하라

목표를 달성하는 방법에 대해 '비결' secret code이라고 할 만한 것 하나를 예를 든다면, 그것은 '집중'이다. 효과적인 사람들은 중요한 것부터 먼저 하고, 그리고 한번에 한 가지 일만 수행한다. 집중의 필요성은 지식근로자의 직무의 본질과 인간의 본성 둘 다에 근거하고 있다. 이에 대한 이유는 분명하다. 조직에 공헌하기 위한 가용 시간보다는 이루어내야 할 공헌들이 언제나 더 많기 때문이다.

집중이 필요한 또 다른 이유는 우리들 대부분은, 두 가지 일은 고사하고, 단 한 가지 일도 잘하기가 어렵다는 사실 때문이다. 세상에는 진정 천재들이 있고 또 인간은 놀라울 정도로 다양한 능력을 갖고 있다. 인간은 하나의 '다목적 도구'이다.

그러나 이러한 인간의 위대한 다양성을 생산적으로 사용하기 위해서는 개인의 수많은 그리고 다양한 능력을 한 가지 과업에 집중시켜야 한다. 온갖 능력을 하나의 성과로 연결시키는 것이 바로 중요한 과업에 대한 집중이다.

집중이 필요한 것은, 우리가 처리해야 할 일들이 너무나 많기 때문이다. 그러므로 한 번에 한 가지 일만 하면, 결과적으로 보다 많은 일들을 보다 빨리 처리할 수 있다. 우리가 시간, 노력, 자원을 집중하면 할수록, 우리가 실제로 처리할 수 있는 과업의 수와 다양성은 훨씬 더 커진다.

이것이 바로 '여러 가지 일'을, 그리고 언뜻 보기에 그토록 많은 어려운 일을 처리하는 사람들 — 예를 들면 베토벤, 피카소, 빅토르 위고 등의 '비결'이다. 그들은 한 번에 오직 한 가지 일만 한다. 그 결과, 그들은 다른 사람들보다 훨씬 적은 시간으로도 많은 일을 처리한다. 그들의 비결을 요약하면 다음과 같다.

첫째, 예상치 않은 일이 반드시 일어난다. 경영자라면 누구나 아는 바와 같이, 집중하지 않아도 제대로 잘되는 일이란 거의 없다. 정말이지, 예상치 않은 일이 일어난다는 사실 그것만은 우리가 확실히 알 수 있는 유일한 것이다. 그리고 그것이 기뻐 날뛸 일인 경우는 더더욱 없다. 그러므로 효과적인 경영자는 한 가지 일에 집중하면서, 예상치 않은 일 때문에 시간이 지체될 것을 감안하여, 실제로 필요한 시간 이상으로 여유있게 시간을 잡는다.

둘째, 다소 성과가 떨어지는 일반적인 경영자는 급히 서두르는 경향이 있다. 결과적으로 그것 때문에 오히려 더 늦어지고 만다. 효과적인 경영자는 시간과 경쟁하지 않는다. 그들은 편안한 속도를 유지하지만 쉬지 않고 나아간다. 도쿠가와 이에야스는 다음과 같은 말을 했다. “인생은 무거운 짐을 지고 먼 길을 가는 것과 같다.”

셋째, 일반적인 경영자는 여러 가지 일들을 동시에 추진하려고 한다. 그 결과, 계획한 여러 가지 일들 가운데 그 어느 것에도 최소한의 필요한 시간을 할애하지 못한다. 추진하던 여러 일들 가운데 하나가 문제에 부딪히면 거의 모든 계획이 무너지고 만다.

넷째, 지식근로자의 노력을 중요한 것에 집중시키기 위한 제1의 법칙은 더 이상 비생산적인 과거와 단절하는 것이다. 효과적인 경영자들은 자신의 일(그리고 부하의 일)을 정기적으로 점검한다. 그리고 다음과 같이 질문한다. “만약 우리가 이것을 여태껏 시행하지 않고 있었다면, 지금이라도 이 일을 착수해야 하는가?”

이에 대한 대답이 무조건 “예스”가 아니면, 그들은 당장 그 일을 중단하든가 아니면 대폭 축소해야 한다. 적어도, 더 이상 추가적으로 자원을 투입하지 않는다는 것만은 분명히 해야 한다. 특히 과거의 일들을 해결하기 위해 충당되었던 희소한 자원, 즉 인적 자원을 즉각 회수하여 내일의 기회에 투입해야 한다.

오늘의 자원을 내일에 투입하는 것이 경영자의 직무다. 적어도 우리는 더 이상 성과를 기대할 수 없게 된, 과거로부터 내려온 업무들을 잘라냄으로써 과거의 성공에 포로가 되지 않기 위해 노력할 수는 있다.

다섯째, 성과의 유무에 관계없이 모든 과업을 정기적으로 점검한다. 경영자는 늘상 “이것은 아직도 계속할 만한 가치가 있는가?”라고 질문해야 한다. 만약에 "아니다"라는 결론이 나오면, 그것을 중단하고, 업무 성과와 조직의 성과를 크게 향상시킬 소수의 다른 과업에 집중한다.

여섯째, 효과적인 지식근로자는 새로운 활동을 시작하기 전에 반드시 낡은 것을 먼저 정리해 버린다. 그것은 조직의 '체중 관리'를 위해서 필요하다. 그렇지 않으면 조직은 곧 정상적인 모습, 결속력, 통제 능력을 잃고 만다.

사회 기관은 생물체의 기관과 마찬가지로 군살 없는 근육을 유지해야 한다. 낡은 것을 체계적으로 폐기systematic abandonment하는 것은 새로운 것을 강력히 추진하는 유일한 방법이다. 사실 어떤 조직도 아이디어가 부족한 경우는 드물다. '창의력'도 별 문제가 되지 않는다. 그러나 그들의 좋은 아이디어를 지속적으로 활용하지 못하는 것은 새로운 것을 추진하기에는 몸이 너무 무겁기 때문이다.

일곱째, 업무의 우선순위를 정해두어야 한다. 우선순위의 결정 기준은 다음과 같다. 과거가 아니라 미래를 판단 기준으로 선택하라. 문제가 아니라 기회에 초점을 맞춰라. 자신의 독자적인 방향을 선택하라.

다시 말해 최근에 인기를 누리고 있는 것에 편승하지 말라. 목표를 높게 잡아라. 확연한 차이를 낼 수 있는 목표를 노려라. '무난'하고 쉬운 것을 목표로 해서는 안 된다. 새로운 기회에 우선순위first priority를 두는 것, 즉 중요한 것을 먼저 하는 것은 과거의 문제를 해결하는 것보다 훨씬 생산적이다. 왜냐하면 문제의 해결이란 과거의 균형을 회복하는 것에 지나지 않기 때문이다.

유능한 경영자, 유능한 지식근로자는 지금 당장 집중하고 있는 '과업' 이 끝나지 않은 경우, 다른 일에는 전적으로 노력을 분산하지 않는다. 중요한 일을 먼저 그리고 집중하는 것은 경영자가 자신의 시간과 업무의 노예가 되는 것이 아니라 주인이 될 수 있는 유일한 방법이다.

31

역사상 가장 탁월한 의사결정자들의 특징

효과적인 지식근로자effective knowledge worker는 지나치게 많은 의사결정을 내리지 않는다. 그들은 중요한 의사결정에 집중한다. 그들은 기존의 '문제 해결'problem solving보다는 전략적이고 기본적인 것strategic and fundamental에 대해 깊이 생각한다. 그들은 최고 수준의 개념적인 이해를 필요로 하는 소수의 중요한 의사결정을 하려고 노력한다. 그들은 주어진 상황에서 자신이 어찌할 수 없는 불변의 상수常數를 파악하려 한다. 그들은 많은 변수를 능숙히 처리하는 재주를 오히려 허점투성이 사고방식의 징후로 간주한다.

미국의 위대한 기업가들 가운데 시어도어 베일Theodore Vail, 1845~1920은 미국의 기업 역사상 가장 효과적인 의사결정자라고 할 수 있다. 베일은 1910년 직전부터 1920년대 중반까지 벨 전화 시스템Bell

Telephone System (AT&T의 전신)의 사장으로서, 이 회사를 세계 최대의 민간 기업으로 키워냈다.

베일이 기업인으로서의 인생을 끝낼 무렵인 1922년, 알프레드 P. 슬로언Alfred P. Sloan, 1875~1966은 GM의 사장으로 취임하여 GM의 조직을 재설계하고, GM을 세계 최대의 자동차 제조업체로 성장시켰다. 슬로언이 내린 의사결정으로 가장 탁월한 것은 GM의 분권제 사업부 조직에 관한 의사결정이었는데, 그것은 베일이 일찍이 벨 시스템에 대해 단행했던 몇 가지 중요한 의사결정들과 같은 것이었다.

역사상 가장 탁월한 의사결정자들의 특징은 다음과 같다.

첫째, 해결해야 할 문제가 일시적이고도 구체적인 사건인지, 아니면 반복적이고도 보편적인 것인지를 명확히 구분하여 인식했다. 효과적인 의사결정자가 맨 먼저 해야 할 질문은 다음과 같다. "이것은 보편적인 문제인가, 예외적인 문제인가? 이것은 자주 일어나는 문제인가, 아니면 간혹 대처해야 할 특수한 문제인가?"

보편적인 문제는 언제나 규칙과 원칙에 따라 해결하지 않으면 안 된다. 예외적인 문제는 오직 개별적인 문제로서 취급하고, 또 발생한 상황에 따라 처리할 수 있다.

둘째, 문제를 해결하기 위한 해답이 '경계조건' boundary conditions, 즉 어느 공간에서 일어나는 현상을 논할 때 그 공간의 불연속적 경계면, 예컨대 물과 공기에 주어져 있는 조건을 만족시키는지를 분명히 파악했다.

의사결정이 만족시켜야 할 경계조건 명세서boundary conditions specification를 자세히 검토하면, 그 결정은 본질적으로 경계조건과 양립할 수 없다는 것을 알 수 있는데, 그 경우 결정을 해서는 안 된다.

이에 대한 완벽한 예가 1961년 케네디 대통령의 쿠바 피그스만 침공의 실패이다. 분명한 하나의 목적 명세서는 카스트로 정권의 전복이었다. 동시에, 또 하나의 명세서는 미국 군대가 다른 나라의 내정에 간섭하는 것으로 보여서는 안 된다는 것이었다. 그러나 두 번째 명세서는 터무니없는 것으로, 그 침공이 쿠바인들의 자발적인 봉기라고 믿는 사람은 이 세상에 아무도 없을 것이기 때문이었다.

그럼에도 불구하고 그 당시 미국 정책당국은 미국이 개입하지 않은 것처럼 보이도록 하는 것이 가능하다고 보았다. 그런 일은 쿠바와 같은 경찰국가에서는 결코 가능성 높은 일이 아니었다. 따라서 케네디는 침공 계획 자체를 아예 포기하든가, 아니면 미국군의 전면적이고도 공개적인 지원을 허락해야만 했다.

셋째, 무엇이 '올바른지' 깊이 생각했다. 다시 말해 의사결정을 수용 가능한 것으로 만들기 위해 필요한 타협, 적응, 그리고 양보를 모색하기 전에 경계조건을 충분히 만족시켜 줄 해결책에 대해 철저히 검토했다.

세상에는 두 가지 종류의 타협이 있다. 받아들일 타협과 거부해야 할 타협이다. 전자는 "빵 반쪽이라도 빵이다"라는 유럽의 속담과 그 의미가 같다. 후자는, 솔로몬의 재판에서 나오는 이야기처럼, "반쪽 아이는 아이가 아니다"라는 사실을 분명히 인식하는 것이다. 전자의 경우, 경계조건은 여전히 충족된다. 빵의 목적은 음식을 제공하는 것인데, 반쪽 빵이라도 음식이긴 하니까 말이다. 그러나 반쪽 아이는 반쪽 인간도 아니고, 앞으로 어른으로 자랄 아이도 아니다. 그것은 시체다.

넷째, 의사결정을 구체적으로 실행하기 위한 행동들actions을 의사결정의 틀 속에 짜 넣었다. 결정된 것을 구체적으로 실행하기 위해, 어떤 사람에게 과업을 할당하고 책임을 맡기지 않으면, 실질적으로 아무것도 결정된 것이 아니다. 그때까지는 단지 하나의 좋은 의도good intention에 지나지 않는다.

의사결정을 행동으로 전환하기 위해서는 몇 가지 분명한 질문에 대해 대답할 수 있어야만 한다. "이 결정을 알아야 하는 사람들은 누구 누구인가?" "누가 그것을 해야 하는가?" "그는 어떤 행동을 해야 하는가?" "그 행동을 해야 할 사람이 그것을 할 수 있도록 하기 위해 어떤 지원이 있어야만 하는가?" 처음과 마지막 질문은 너무나 자주 무시되는데, 당연히 그 결과는 참담한 실패를 가져오고 만다.

다섯째, 의사결정의 타당성과 유효성을 실질적으로 발생하는 결과와 비교 검증하기 위해 피드백을 했다. 의사결정은 사람이 하는 것이다. 사람은 오류를 범하게 마련이고, 심지어 최선의 의사결정마저도 잘못될 확률이 높다. 뿐만 아니라 가장 효과적인 의사결정이라도 결국 진부해지고 만다.

아이젠하워D. Isenhauer, 1890~1969 장군이 대통령에 당선되었을 때 전임자 해리 투르먼Harry S. Truman, 1884~1972은 "불쌍한 아이크. 그가 장군일 때는, 그가 내린 명령은 부하들이 무조건 따랐다. 그런데 이제 저 커다란 대통령 집무실에 앉아서 명령을 내려도, 되는 것이라곤 아무것도 없어"라고 했다.

그 이유는, 물론 장군이 대통령보다 많은 권한을 갖고 있기 때문이 아니다. 그것은, 군대는 옛날부터 명령들 중 상당 부분이 거의 실행되지 않는다는 것을 알고, 명령을 내린 장교가 직접 현장으로 가서 명령의 실행 여부를 눈으로 보고 확인했기 때문이다.

의사결정에서 전제되어야 할 것은 어떠한 의사결정도 조만간 진부화된다는 것을 항상 예상하고 있어야 한다. 현실은 오랫동안 그대로 유지되는 법은 결코 없다.

Peter F. Drucker

32

효과적인 커뮤니케이션 방법

커뮤니케이션은 누구에게나 쉬운 듯하지만, 사실은 조직의 여러 문제들 가운데 60퍼센트는 커뮤니케이션의 잘못에서 비롯된다. 우리는 주로 시행착오를 거쳐 커뮤니케이션에 관한 다음의 네 가지 기본원칙을 배웠다.

- 커뮤니케이션은 지각perception이다.
- 커뮤니케이션은 기대expectation이다.
- 커뮤니케이션은 요구demand를 한다.
- 커뮤니케이션과 정보information는 서로 상이한 것이다. 그리고 대체로 대립관계에 있지만, 상호의존적이다.

첫째, 커뮤니케이션은 지각활동이다.

예로부터 전해오는 불교 선승禪僧들의 선문답이 있다. "아무도 듣는 사람이 없는 숲 속에서 나무가 쓰러질 때 소리가 나는가?"

이 문제의 정답은 "아니다"이다. 물론 음파는 발생한다. 그러나 그 장소에 누군가가 있어 그 음파를 지각하지 않는 한 소리가 나지 않은 것이나 마찬가지다. 소리는 지각되어야만 비로소 '소리'가 된다. 이는 커뮤니케이션 행위를 하는 사람은 바로 그것을 받아들이는 사람이라는 것을 의미한다.

커뮤니케이터communicator, 즉 커뮤니케이션을 전달하는 사람이 커뮤니케이션 행위를 하는 것이 아니다. 경영자가 외친다고 하자. 그것을 듣는 부하가 없다면, 커뮤니케이션은 없는 것이다. 단지 소리만 있을 뿐이다.

수사학에 관한 현존하는 가장 오래된 문헌들 가운데 하나인 플라톤의 《페이돈*Phaedon*》에 따르면, 소크라테스는 다음과 같이 지적했다고 한다. "사람은 다른 사람과 말을 할 때 듣는 사람의 경험에 맞추어 말해야만 한다. 예를 들면 목수에게 이야기할 때는 목수가 사용하는 말을 써야 한다." 이는 듣는 사람의 언어로, 그가 사용하는 용어로 말할 때에만 대화를 할 수 있다는 말이다.

둘째, 커뮤니케이션은 기대이다.

우리는 원칙적으로 우리가 지각하기를 기대하는 것만 지각하고, 보고자 하는 것만 보며, 듣고자 하는 것만 듣는다. 기대하지 않았던 것이 일어나면 적개심을 일으키거나 대체로 전혀 받아들여지지 않는다. 사람의 마음은 자신이 접한 자극을 자신의 기대의 틀 안에 맞추려고 시도한다.

셋째, 커뮤니케이션은 언제나 무엇을 요구한다.

그것은 언제나 수신자들이 어떤 사람이 되기를, 무엇을 하기를, 또는 무엇을 믿기를 요구한다. 그것은 항상 마음에 호소한다. 만약 커뮤니케이션이 수신자의 야망, 가치관, 또는 그의 목적에 부합되면, 그것은 강력한 힘을 발휘한다. 반대로 어떤 사람의 '마음을 바꾸려는' 시도에 대해서는 강하게 반발한다.

주님께서도 사울Saul을 사도 바울Paul로 바꾸기 위해서 먼저 사울의 눈이 멀도록 내리쳐야 했다. 진정한 마음의 전향을 노리는 커뮤니케이션은 굴복을 요구한다. 따라서 커뮤니케이션의 요구가 수신자의 가치관과 부합되지 않으면 커뮤니케이션은 이루어질 수 없다.

넷째, 커뮤니케이션과 정보는 다른 것이며, 사실상 거의 대립관계에 있다. 그러나 이들은 상호의존 관계에 있다.

커뮤니케이션은 지각perception인 반면, 정보는 논리logic이다. 정보는 완전히 공식적이고 그 자체는 아무런 의미가 없다. 그것은 인간 사이의 관계가 아니다. 인간과는 무관한 것이다. 사실, 정보는 인간적인 속성 ─ 즉 정서, 가치관, 기대, 지각과 같은 것으로부터 해방되면 될수록, 정보로서의 타당성과 신뢰성은 더욱 높아진다.

그러나 정보는 커뮤니케이션을 전제로 한다. 정보의 이용은 말할 것도 없고, 정보를 입수하기 위해서라도 수신자는 커뮤니케이션의 암호를 알고 해독할 수 있어야 한다. 그것은 사전에 약속된 지각이 있어야 한다는 의미이다. 달리 표현하면, 커뮤니케이션은 정보에 의존하는 것이 아닐지도 모른다. 정말이지, 가장 완벽한 커뮤니케이션은 순수한 '경험의 공유' shared experience일지도 모른다. 어떤 논리도 필요없이 말이다.

수세기 동안 우리는 '상의하달' 上意下達식 커뮤니케이션을 시도해 왔다. 그러나 이것은 우리가 아무리 강력하게, 아무리 현명하게 시도한다 하더라도 효과를 발휘할 수가 없다. 그것이 효과를 볼 수 없는 첫째 이유는 그것은 '말하고 싶어하는 자' 에 초점을 두고 있기 때문이다.

그러나 '듣는 것' listening도 효과가 없기는 마찬가지다. 엘튼 메이요를 비롯한 인간관계학파는 이미 오래 전에 커뮤니케이션에 대한 전통적 접근방식이 실패했다는 것을 깨달았다. 그들이 내놓은 처방은 '경청' 이었다. 물론, 경청은 커뮤니케이션의 전제조건이다. 그러나 그것만으로는 효과를 발휘할 수가 없다. 왜냐하면, 듣는 자가 말하는 자보다 잘못된 커뮤니케이션을 할 확률이 훨씬 낮다고 믿을 근거가 없기 때문이다.

목표관리management by objectives는 기능적인 커뮤니케이션의 전제조건이다. 목표관리는, 부하는 자신이 조직에 대하여 어떤 중요한 공헌을 할 것으로 기대해도 좋은지, 그리고 어떤 책임을 질 것인지에 대해 깊이 생각하고 스스로 내린 결론을 상사에게 보고하도록 한다. 부하들이 제출하는 것이 상사들의 기대와 일치하는 경우는 극히 드물다. 사실상, 이렇게 하는 일차적인 목적은, 상사와 부하 사이의 인식의 차이를 정확하게 밝히는 데 있다. 부하는 동일한 상황에 대해, 상사가 보는 것과 같은 방법으로 보지 않을 수도 있다

다시 말하거니와, 커뮤니케이션은 '경험의 공유' 를 필요로 한다.

커뮤니케이션은 오직 '우리들' 중의 한 사람으로부터 다른 사람에게 지식, 경험, 정보가 전달됨으로써 성립되는 것이다. 조직 내부의 커뮤니케이션은 조직의 '수단'이 아니다. 그것은 조직의 '존재 양식' mode of organization이다.

결론적으로 말해, 과거에는 소수의, 그리고 대체로 책임이 분명한 고위 계층의 경영자가 조직 구성원에게 일방적, 하향적으로 전달했던 커뮤니케이션이 지식사회에서는 모든 지식근로자의 통상적인 과업이 되고 있다는 사실이다.

Peter F. Drucker

33

리더의 조건

어느 날 피터 드러커 교수에게 대형은행의 인적자원 담당 부행장이 전화를 했다. 그것도 매우 진지하게.

"교수님 어떻게 하면 카리스마적인 리더십을 습득할 수 있는지, 세미나를 해주시기 바랍니다."

이에 대해 드러커는 다음과 같이 말했다. "리더십은 물론 중요하다. 그러나 애석하게도, 리더십은 지금 그 명칭만큼이나 과대선전되고 있는 것과는 한참 거리가 멀다."

리더십은 '리더십 자질들' trait theory과는 거의 관계가 없고, 또 '카리스마' 와는 더 더욱 관계가 없다. 리더십은 평범한 것이며, 낭만적이지도 않고 매우 지루한 것이다. 리더십의 본질은 성과에 달려 있다. 리더십은 그 자체로는 좋은 것이거나 바람직스러운 것도 아니다. 그것은 하나의 수단이다. 그러므로 어떤 목적을 위한 리더십인가 하는 것이 결정적인 문제이다.

금세기의 악당 3인방 스탈린, 히틀러, 마오쩌둥보다 더 카리스마적인 지도자는 없다는 것을 역사는 알고 있다. 다시 말해 효과적인 리더십은 카리스마에 의존하는 것이 아니다.

아이젠하워, 조지 마셜George Marshall, 1880~1959, 트루먼은 뛰어난 지도자였음에도 불구하고, 정작 그 누구도 카리스마라고 할 만한 것을 갖고 있지 않았다. 제2차 세계대전 후 서독을 재건한 아데나워Konrad Adenauer, 1876~1967 총리도 마찬가지였다. 사실 카리스마는 지도자들로 하여금 잘못된 행동을 하게 만드는 원인이 된다. 카리스마는 그들을 융통성 없는 존재로 만들며, 자신을 오류를 저지르지 않는 존재로 확신케 하며, 변화할 수 없도록 만든다. 세상에는 '리더십에 적합한 자질' 이라든가 '리더십에 적합한 성격' 같은 것은 없다.

첫째, 리더십이 카리스마도 아니고 특정 성격과도 관련이 없다면, 도대체 리더십이란 무엇인가? 이에 대해 제일 먼저 언급할 것은 리더십이란 일work이라는 점이다. 효과적 리더십의 기초는 조직의 사명mission을 깊이 생각하고, 사명을 규정하고 명확하고도 뚜렷하게 설정한다. 이어서 그는 목표들을 설정하고, 우선순위를 결정하며, 기준을 설정하고 유지한다. 물론, 그는 타협도 한다. 진정 효과적인 지도자들은 자신들이 우주를 통제하고 있지 않다는 사실을 뼈저리게 인식하고 타협할 줄 안다. 오직 잘못된 지도자들만이 자신은 언제나 옳다는 망상에 사로잡혀 있다.

둘째, 효과적인 리더십 발휘에 필요한 사항은, 리더는 리더십을 계급과 특권privilege으로 보는 것이 아니라 책임responsibility으로 본다는 것이다. 효과적인 리더들이 '무분별하게 관대한' 경우는 거의 없다. 그러나 일단 일이 잘못되었을 때에는 (그리고 일이란 항상 잘못되게 마련이다) 그들은 다른 사람을 책망하지 않는다.

처칠W. Churchill, 1874~1965은 사명과 목표를 명쾌하게 규정함으로써 리더십을 발휘한 모델이었다. 그리고 제2차 세계대전 때 미국의 총사령관이었던 마셜 장군은 책임을 통하여 리더십을 발휘한 모델이었다. 트루먼의 유명한 말, "모든 책임은 여기서 끝난다"라는 말은 여전히 리더십에 관한 그 어떤 것에 못지않은 훌륭한 정의다.

그릇된 지도자들은 동료와 부하들의 힘을 두려워하기 때문에, 그들은 항상 유능한 동료와 부하들을 제거한다. 그러나 효과적인 리더는 유능한 동료들을 원하며, 동료들을 격려하고 밀어준다. 동료와 부하의 실수에 대하여 최종적으로 책임을 지기 때문에 그들의 성공을 위협으로 느끼는 것이 아니라 자신의 성공으로 생각한다.

링컨A. Lincoln, 1809~1865 대통령은 신임 총사령관 그랜트Ulysses S. Grant, 1822~1885 장군이 술을 너무 좋아한다는 우려의 말을 듣자, 다음과 같이 말했다. "장군이 좋아하는 술의 상표를 알면 다른 장군들에게도 한 통씩 보낼 텐데."

켄터키와 일리노이 개척지에서 어린 시절을 보낸 링컨은, 술과 그 해악에 대해 분명 잘 알고 있었다. 그러나 북군 장군들 가운데, 유독 그랜트만이 항상 작전 계획을 제대로 세웠고 승리를 안겨주었다. 그랜트 장군의 사령관직 임명은 남북전쟁의 전환점이 되었다. 링컨의 그랜트 지명이 성공한 이유는, 전쟁터에서 검증된 장군의 능력, 즉 책임을 다한다는 강점이었지, 술을 과하게 마신다는 사실, 즉 단점을 판단의 기준으로 삼지 않았기 때문이다.

셋째, 리더의 조건에 후계자 양성이 매우 중요한 것임은 너무나 분명하다. 리더가 가장 심각하게 비판 받아야 하는 경우는, 스탈린 사망 직후의 소련처럼 리더가 그 자리를 떠나거나 사망하자마자 조직이 붕괴되어 버리는 경우이다. 국내외를 막론하고, 세계적인 대기업들이 창업자의 사망과 더불어 쇠퇴하는 사례는 많다. 자신이 몸담고 있던 조직이 영속적 조직going concern으로 생존하기를 바라는 사람에게 미국 철강산업의 창건자인 앤드류 카네기Andrew Carnegie, 1835~1919가 자신의 묘비명으로 택한 "여기 자신보다도 더 우수한 사람을 부리는 방법을 아는 인간이 누워 있다"라는 글귀보다 더 좋은 처방도 없다.

넷째, 효과적으로 리더십을 발휘하려면 신뢰를 확보해야 한다. 그렇지 못하면, 뒤따르는 사람들이 없을 것이다. 사실 리더에 대한 유일한 정의는 "리더는 추종자를 거느린 사람이다"라는 것이다. 어떤 리더를 신뢰하기 위해서는, 그를 인간적으로 꼭 좋아해야 할 필요는 없다. 또한 그와 의견을 같이할 필요도 없다. 신뢰라는 것은, 리더의 언행이 일치한다는 데 대한 확신이다. 그것은 '성실과 정직'에 대한 믿음이다. 리더의 행동 그리고 그가 공언한 신념들은 서로 일치되어야만 한다.

리더십에 관해 물었던 부행장은 드러커의 말을 모두 듣고 난 뒤 약간 망설이다가 "그거야 우리가 다 아는 것 아닌가요?"라고 볼멘 목소리를 했다. 드러커 교수는 "그렇고 말고"라고 짧게 대답했다.

Peter F. Drucker

34

성공적인 혁신가는 기회에 초점을 맞춘다

경영혁신innovation에서 뛰어난 성공을 거둔 사람은 오직 원칙에 바탕을 두고, 그것을 터득했을 때에만 목적을 달성할 수 있을 것이다. 그렇다면 혁신의 원칙은 무엇이고, 원칙의 핵심은 무엇인가?

경영혁신을 실천하는 데는 '꼭 해야 할 일'(do's)이 많이 있다. 또한 '하지 말아야 할 일'(dont's)도 몇 개 있다. 차라리 하지 않았다면 더 나았을 것들이다. 그 다음에는 혁신가는 위험추구자risk lover가 아니라는 점을 인식해야 한다.

경영혁신을 위해 꼭 해야 할 일

1. 목적지향적, 체계적 혁신은 기회의 분석opportunity analysis으로부

터 시작한다. 그것은 드러커가 혁신 기회의 7가지 원천이라고 명명한 것을 철저히 검토하는 데서부터 시작한다. 혁신의 분야가 다르면, 즉 상황에 따라 각각의 원천은 그 중요성도 달라질 것이다. 혁신 기회의 7가지 원천은 다음과 같다.

첫째, 조직 자체가 거둔 예상치 못한 성공과 예상치 못한 실패, 그리고 경쟁자의 예상치 못한 성공과 예상치 못한 실패.

둘째, 불일치. 특히 생산과 분배 프로세스상의 불일치, 혹은 고객 행동의 불일치.

셋째, 프로세스상의 필요성.

넷째, 산업과 시장구조의 변화.

다섯째, 인구특성의 변화.

여섯째, 의미와 지각의 변화.

일곱째, 새로운 지식의 등장.

위에서 열거한 모든 혁신 기회는 체계적으로 분석되고 연구되어야 한다. 주의를 기울이는 정도로는 충분하지 않다. 연구조사 방법이 조직되어야 하고, 그것을 규칙적이고도 체계적으로 수행해야 한다.

2. 혁신은 관념활동이자 지각知覺활동이다. 그러므로 혁신활동에서 꼭 해야 할 두 번째 것은, 현장에 나가서 보고, 고객에게 질문하고 경청하는 일이다.

3. 혁신이 목표를 달성하기 위해서는, 단순해야 되고 또 초점이 맞추어져 있어야 한다. 오직 한 가지에만 초점을 맞추어야지 그렇지

않으면 혼란이 생긴다.

4. 효과적인 혁신은 작게 시작한다. 거창하지 않다. 혁신은 어떤 구체적인 것을 시도한다. 이와는 대조적으로 "어떤 산업에 혁명을 일으키자"라는 식의 거창한 아이디어는 성과를 낼 것 같지 않다. 혁신은 처음엔 돈이 적게 들고, 사람도 많이 필요치 않고, 오직 작고도 한정된 시장만 있으면 되는 소규모로도 출발할 수 있는 것이 유리하다.

5. 혁신에 성공하려면 시장의 주도권을 잡는 데 목표를 두어야 한다. 그것은 궁극적으로 "거대한 기업이 되는 것"이라는 식으로 설정할 필요는 없다.

사실, 어떤 혁신이 결국 큰 기업으로 성공하게 될지, 또는 사소한 성과로 끝나고 말지는 아무도 모른다. 그러나 혁신이 처음부터 주도권을 목표로 하지 않으면, 그것은 충분히 효과를 발휘할 혁신으로 이어질 가능성이 낮고, 그 결과 혁신이라고 할 만한 자리매김도 하지 못할 것이다.

전략은 매우 다양하다. 산업 또는 시장에서 지배적 위치를 차지하는 것을 목표로 하는 것에서부터, 소규모의 '생태적 틈새시장' ecological niche market을 찾고 또 차지하는 것에 이르기까지 다양하다. 그러나 모든 기업가적 전략은, 다시 말해 혁신을 활용하기 위한 전략은 주어진 환경 하에서 주도권을 잡아야만 한다. 그렇지 않으면 오직 경쟁자를 끌어들이는 기회만을 제공하고 끝나고 말 것이다.

경영혁신을 위해 하지 말아야 할 일

1. 무조건 독창적인 것만 하려고 노력해서는 안 된다. 혁신은 평범

한 인간이 추진할 수 있어야 하고, 그리고 어느 정도 혁신의 규모가 커지고 조금이라도 중요하게 되면, 우둔한 사람 또는 우둔한 사람에 가까운 사람들이 집행할 것이기 때문이다. 어쨌든 세상에 넘치게 많고 또 공급이 늘 끊이지 않는 유일한 것은 무능한 사람들뿐이란 사실이다. 너무 똑똑한 사람을 필요로 하는 혁신은 거의 실패하게 되어 있다.

2. 다각화하지 말라. 분산시키지 말라. 한꺼번에 너무 많은 것을 하려고 시도하지 말라. 물론 이것은 '꼭 해야 할 일' 즉 "초점을 맞추어라"는 것에서부터 도출되는 필연적 결과이다. 사업활동의 핵심에서 벗어난 혁신은 산만해지기 쉽다. 그것들은 아이디어로서 끝나고 혁신으로 연결되지 않는다.

3. 장래를 위해 혁신하려고 하지 말라. '현재를 위해' 혁신하라. 혁신의 영향은 오랜 기간에 걸쳐 나타날 수도 있다. 그러나 한정된 자원밖에 없는 기업이 지금 당장 응용하지 못하면, 그 혁신은 레오나르도 다빈치의 노트에 그려져 있는 설계도면과 같다. 하나의 '멋진 아이디어' 로서 말이다.

경영학과 심리학의 학설은 학자들 수만큼 많고 또 서로 일치하는 경우가 드물지만, 대체로 '기업가적 성격' entrepreneurial personality이란 무엇인가 하는 데 대해서는, '위험추구 성향' 으로 규정지을 수 있다는 데에 대체로 동의한다.

그러나 그들은 틀렸다. 실제로 성공한 기업가는 모두 위험 추구자가 아니다. 그들은 부담해야 할 위험을 파악하려고 애쓰고 될 수 있는 한 위험을 최소화하려고 노력한다. 그렇지 않았으면 아무도 성공할 수 없을 것이다.

혁신은 늘상 시장과 가까이에서 추진해야 하고, 시장에 초점을 맞추어야 하고, 진정으로 시장지향적이어야 한다. 따라서 당연히 시장지향적 혁신에는 위험이 따른다. 그러나 성공적인 혁신가들은, 위험의 내용을 파악하고 그것을 초과하는 위험을 추구하지 않음으로써 성공하고 있다. 그들은 혁신 기회의 원천을 체계적으로 분석하고, 그런 다음 하나의 기회를 포착하고는 그것에 초점을 맞춤으로써 성공하고 있다.

성공적인 혁신가는 보수적이다. 또 그래야만 한다. 그들은 '위험에 초점' 을 맞추지 않는다. 그들은 '기회에 초점' 을 맞춘다.

Peter F. Drucker

35

인생의 후반전을 어떻게 준비할 것인가

위대한 인상주의 화가 클로드 모네Claude Monet, 1840~1926는 80세에도 여전히 그림을 그렸는데, 하루에 12시간 일했다. 심지어 시력을 거의 다 잃을 때까지 그림을 그렸다. 인상주의 이후 최고의 화가 파블로 피카소Pablo Picasso, 1881~1973는 90세가 넘어 죽을 때까지 그림을 그렸다. 게다가 70세에 새로운 형식의 유파를 개척했다.

20세기 가장 위대한 첼로 연주자인 파블로 카잘스Pablo Casals, 1876~1973는 97세 나이로 죽는 그날에도 새로운 곡을 연주할 계획을 세웠고 또한 연습을 했다. 피아니스트 아르투르 루빈스타인1887~1982은 90세에 은퇴기념 공연을 했다. 피터 드러커1909~2005는 95세로 타계할 때까지도 신문 기고는 물론이고 저서를 출판했다. 그는 언젠가 필자에게 "나는 은퇴할 생각이 없네"라고 말한 적이 있다. 분명 이들은 인생을 특별하게 살았던 예외적인 인물이라 해도 틀리지 않는다.

우리나라 사람의 평균 수명은 79세로(2007년 통계 기준) OECD 평균을 앞질렀고, 급속히 늘어나고 있다. 인간 게놈 프로젝트의 진행에 따라 "100살까지 사십시오"라는 말이 덕담이 아니라 현실이 될 날도 멀지 않았다.

평균수명을 80세로 보고 논의를 진행해 보자. 태어나서 성장과 교육기를 마치고 취업하는 연령을 25세로 잡고, 대략 55세에 정년퇴직을 한다면, 30년간 일하고 나서 집에서 일없이 지내는 기간이 25년이나 된다는 계산이다. 만약 그가 85세까지 산다면 노후생활이 무려 30년이다. 그 25~30년을 어떻게 소일消日할까? 보다 정확히 말하면 어떻게 소년消年할까?

평균수명이 40~50세인 사회에서는 노후생활이란 사실상 없었다. 그 당시 누군가 보험을 든다면 말 그대로 생명보험이었다. "내가 너무 일찍 죽더라도 자식 공부는 시켜야 될 텐데…"하는 생각에서였다. 지금 선진국들의 소위 '요람에서 무덤까지' 개인을 돌보아 준다던 그 복지국가들이 위기에 처해 있다는 사실은 잘 알려져 있다. 요즈음 사람들이 보험을 드는 것은 문자 그대로 노후보장 보험이다. "내가 너무 오래 살아서 자식에게 버림받으면 어떡하나…"하는 것이다.

게다가 기업을 위시한 조직의 수명은 점점 더 짧아지고 또한 기술은 급속히 변하는 반면, 개인의 근로수명은 점점 더 늘어가므로, 논리적으로도 이제 평생고용이라든가 일생일업이라는 것은 과거의 유물이 되고 말았다. 최초의 취업에서 정년까지를 인생의 전반전이라고 본다면, 정년 이후의 인생을 인생의 후반전second life이라고 할 수 있다. 그러므로 개인은, 특히 지식근로자는 자신의 인생의 후반전을 미리 준비하지 않으면 안 된다.

인생의 2막을 준비하기 위해서는 다음과 같은 몇 가지 방법들이 있다.

첫째는 은퇴, 정년, 혹은 조기퇴직 이후 제2의 경력 또는 다른 경력을 새로 시작하는 것이다. 간혹 이것은 어떤 조직에서 다른 조직으로 이직하는 것을 의미하기도 한다.

미국의 전형적인 예로는, 나이가 45~48세쯤 되고 (자식들은 다 자라서 집을 떠났고) 현직에 물러나 은퇴연금을 받는 미국의 중견 최고경영자들 상당수가 지역의 병원으로, 대학의 시간강사로, 또는 여러 비영리기관으로 자리를 옮기고 있다. 많은 경우 그들은 같은 종류의 일을 그대로 한다. 예를 들면, 대기업의 사업부문 경리 책임자는 중규모 기업의 경리 책임자로 이동한다. 그러나 전혀 다른 업무에 종사하기도 한다. 진정 자신이 예전부터 하고 싶었던 일을 하기도 한다.

둘째, '평행경력' parallel career을 계발하는 것이다. 이중 직업double job과는 다소 다른 의미로, 본업 이외의 의미있는 사회적 경력활동을 하는 것이다.

인생의 후반부를 관리하는 데에는 전제 조건이 하나 있다. 그것은 인생의 후반부로 접어들기 훨씬 전에 미리 그 준비를 시작해야만 한다는 것이다. 만약 어떤 사람이 40세 즈음 이전에 자원봉사자로서 경험을 쌓지 않으면, 단언하건대 60세 이후 그는 절대 자원봉사 활동을 하지 못할 것이다. 이 세상에는 자신의 인생, 또는 근로생활에서 역경을 겪지 않고 순탄하게 살 수 있다고 장담할 수 있는 사람은 아무도 없다. 원치 않은 상황에서 본업을 포기하는 경우가 늘어날 것이다.

그러나 살아 있는 동안 우리는 무엇보다 도전이 필요하다. 지식근로자가 '제2의 주요 관심사' second major interest를 일찍부터 계발해야 하는데는 이런 실질적인 이유가 있다.

셋째, '사회 기업가' social entrepreneur, 즉 사회를 위한 모험을 하는 것이다. 이런 부류에 속하는 사람들은 대체로 자신의 첫 직업에서 성공한 사람들이다. 기업가 · 변호사 · 의사 · 컨설턴트 · 대학교수 같은 사람들이다. 그들은 자신의 직업을 사랑하지만, 그들의 직업은 더 이상 그들에게 도전 욕구를 채워주지 못한다. 따라서 다른 업무를 시작하는데, 대개는 비영리 활동non-profit activity 또는 사회부문에서 모험을 시작한다.

지식사회란 모든 사람이 '성공' 할 수 있는 사회이다. 그러나 분명 그것은 가능성이지 모두에게 현실은 아니다. 성공이 있는 곳이면 실패도 함께 있게 마련이어서 대다수 사람들로서는, 기껏해야 실패를 하지 않는 정도이다.

그러므로 어떤 개인이 사회에 기여하는 분야, 남다른 성과를 올리는 분야에 종사한다거나, 어떤 대단한 사람으로 존경받는 분야가 있다는 것은 그 개인에게는 물론이고, 그 가족에게도 지극히 중요하다. 그것이 제2의 경력이든, 평행경력이든, 사회적 모험이든 간에 그렇다. 그것들은 지도자가 될 기회, 존경받을 기회, 그리고 성공한 자가 될 기회를 제공할 수 있는 것이면 된다.

'자기관리' managing oneself와 관련한 변화와 도전은, 인간생활에 있어 하나의 '혁명'이다. 자기관리는 각각의 지식근로자로 하여금 '최고경영자'처럼 생각하고 행동할 것을 요구하기 때문이다. 지금까지 조직은, 개인은 선택의 여지가 없다는 가정 하에 개인을 통제했다. 결론적으로 개인은 '관리 당하고' 있었던 것이다.

그러나 지식사회에서, 고령화 사회에서 개인은 자기 자신을 관리할 수 있고, 또한 관리해야만 한다. 자기가 아니면 누구도, 자식도, 가족도, 친척도, 사회도, 그리고 국가도 해줄 수 없다.

: : 제5장 : :

피터 드러커, 기업의 사회적 책임을 말하다

01

피터 드러커의 지적知的 편력

피터 드러커는 어떤 사람인가

피터 드러커의 저서 《넥스트 소사이어티*Next Society*》는 한국에서는 물론 일본에서도 장기간 베스트셀러였다. 드러커는 그런 책을 쓰기에 가장 적합한 사람이다. 과거를 되돌아보고, 현재를 분석하고, 미래를 전망하는 바로 그런 책.

사실 드러커가 사용하기 싫어하는 말이 바로 예측과 예언이다. 드러커는 "나는 예언을 한 적이 없다. 나는 그냥 창 밖을 내다보고 눈에 띄는 것을 바라볼 뿐이다. 하지만 아직은 남들의 눈에는 분명하지 않은 것을 말이다"라고 한 적이 있다.

드러커의 생애는 자신의 말처럼 방관자와 분석자로 일관해왔다. 어린 시절을 회고하는 글에서 그는 다음같이 밝혔다.

"14세가 되던 해, 나는 멋모르고 시위대에 참여하여 행진을 했는데, 한참 가다가 진흙탕 길이 나타났다. 내 앞에 가로놓인 진흙탕을 피하고 싶어서 혼자서 온몸으로 진로를 바꾸려 했으나 헛수고였다. 뒤에서 계속 밀려오는 시위대 때문에 진흙탕 위로 그냥 지날 수밖에 없었다."

결코 원하지 않는 길인데도 거대한 힘에 밀려가는 것은 큰 고통이었고, 앞으로 자신이 남들과는 다른 견해를 갖는 것이 숙명이 될지도 모른다고 느꼈던 것이다.

드러커는 오스트리아의 고위 공무원이었던 부친과 의사 어머니 그리고 현명한 할머니 밑에서 전인적 교육을 받으며 성장했다. 부친의 친구였던 슘페터와 폰 미제스 등 석학들과는 어릴 때부터 접촉했다. 드러커의 논문과 저술활동은 그 수도 매우 많거니와 일찍부터 시작되었다. 부모님을 따라 출입한 비엔나의 살롱에서 드러커가 15세 때 최초로 발표한 논문은 (비록 출판되지는 않았지만) 〈파나마 운하의 개통이 세계 무역에 미치는 영향〉이었다.

함부르크 대학을 거쳐 프랑크푸르트 대학에서 국제법 박사학위를 받은 드러커는 동 대학 강사 시절, 나치를 피해 영국으로 건너가 머천트 뱅크와 보험회사에서 경력을 쌓았다. 런던에서는 존 메이나드 케인스가 개최하는 경제학 세미나에 참석하기도 했다. 따라서 드러커는 20세기의 대표적인 두 경제학자 슘페터와 케인스를 경험했고, 그의 저서에 두 사람에 관해 자주 비교하고 있다.

1937년 대공황이 끝나갈 무렵, 드러커는 영국 신문사 컨소시엄의 특파원 자격으로 미국에 이주했다. 미국에서는 마셜 맥루한 등과 교분을 맺으면서 〈타임〉지와 〈포춘〉지에 기고했고, 여러 대학에서 시간 강사도 했다. 과목은 정치학, 통계학, 철학, 그리고 경영학 등 사회과학 전반을 망라했다.

드러커는 제2차 세계대전 직전 나치의 몰락을 예견한 《경제인의 종말》(1939), 뒤이어 《산업인의 미래》(1942)를 출판하여 미국의 정치학계와 경제학계에서 두각을 나타냈다. 이 무렵 그는 GM과 GE, IBM 등에 컨설팅을 수행했다.

드러커는 조직 현실에 적용되어 효과를 발휘하지 못하는 이론을 배격할 뿐만 아니라, 이론적 배경이 없는 실무도 받아들이지 않는다. 그래서 GM, GE, IBM 등에 대한 컨설팅을 통해 자신의 이론을 현실에 적용했고 그것을 다시 이론화했다.

전쟁이 끝난 후 드러커는 마셜플랜에 참가했고 그후 미국의 여러 대통령들에게 조언을 했다(드러커의 논문 가운데 '대통령이 지켜야 할 6가지 규칙들' 이라는 것도 있다). 드러커는 1950년부터 뉴욕대학에 정교수로 취임하여 20년간 근무했으며, 1971년부터 타계하던 해인 2005년까지 캘리포니아 주 클레어몬트 대학교 드러커 경영대학원에 재직했다. 더 정확히 말해 강의를 했다.

드러커가 자신의 관심을 정치학과 경제학에서 경영학으로 전향한 것은, 경영학의 대상인 기업이야말로 진정 사회가 필요로 하는 재화—즉 애덤 스미스가 《국부론》에서 국가가 잘살기 위해서 생산의 증가를 강조한 소비재—를 생산하는 주체이기 때문이다. 재화를 생산성 있게 산출하지 못하는 사회가 기능적일 수 없다는 것이 드러커의 경영철학이다.

경영학 분야에서 드러커가 남긴 성과는 문자 그대로 타의 추종을 불허한다. 《경영의 실제》(1954), 《피터 드러커의 자기경영 노트*The Effective Executive*, 1966》, 《경영: 과제, 책임, 실제》(1974), 《혁신과 기업가 정신》(1985), 그리고 《21세기 지식경영》(1999) 등을 통해 드러커는 현대 경영학을 체계화한 사람으로 평가받는다. 그와 동시에 그는 《단절의 시대》(1969), 《보이지 않는 혁명》(1976), 《새로운 현실》(1989), 《자본주의 이후의 사회》(1993) 등으로 정치와 사회에 대한 통찰력과 선견지명을 통해 세계의 지식인들을 자극했다.

2002년 12월 24일, 미국의 CNBC는 경영학의 태두 피터 드러커가 그의 찬란한 업적에도 불구하고 일반 대중에게는 널리 알려져 있지 않은 사실을 아쉽게 여겨, 그의 생애에 대한 다큐멘터리 〈Peter Drucker: An Intellectual Journey〉를 1시간 가량 방영했다. 그런데 25일과 28일, 새해 2003년 1월 1일과 3일에도 방영하여, 1주일 사이에 같은 프로그램을 다섯 번이나 방영했다. 이는 미국 방송 사상 흔치 않은 일이라 한다. 그만큼 드러커가 세계 경영학계에 미친 영향이 크다는 반증이다.

"콜럼버스는 아메리카를 발견했고 드러커는 경영학을 태동시켰다…"라는 말로 시작된 이 프로그램은, 드러커는 근로자를 비용이 아닌 자원으로 취급한 최초의 경영학자일 뿐만 아니라 "고객 없이는 사업도 없다", 즉 기업의 목적은 고객창조라는 대명제를 통해 마케팅 분야에서도 신지평을 열었다는 사실도 밝혔다. 그리고 잭 웰치 전 GE 회장의 '1, 2등 경영철학'의 영감을 심어준 사람이 바로 드러커라고 증언하는 인터뷰를 삽입하여 일반 시청자들을 배려한 점이

돋보였다.

2001년 필자가 드러커 교수를 만났을 때, "교수님께서는 지금 미국에서 최고령 교수이십니까?" 하고 물었더니 "아니야, 몇 년 전 샌프란시스코 대학에 97세까지 가르친 교수가 있었어"라고 했다. "교수님, 그러면 은퇴는 언제 하십니까?" 했더니, "난 은퇴를 안 해"라고 하셨다.

우리가 흔히 거장巨匠이라든가 대가大家라고 일컫는 사람들은 어떤 사람인가? 사전적인 의미로 거장은 '그 방면의 기능에 특히 뛰어난 사람' 이다. 그러고 보면 인류 역사상 천재들 대부분을 거장이라 할 수 있겠다. 하지만 요절한 천재를 거장이라 부르기가 어딘지 어색하다. 서른다섯 살에 삶을 마감한 모차르트나, 마흔 살을 불꽃같이 살다간 화가 이중섭은 거장이라기보다는 그냥 천재라는 말이 더 잘 어울린다.

따라서 거장이라는 호칭은, 이 세상에서 짧은 기간 동안 혜성처럼 살다간 사람보다는, 오래 살면서 노력하며 동 시대와 후세 사람들에게 긴 그림자를 드리운 사람에게 더 어울린다고 생각한다. 그런 관점에서 피터 드러커는 진정한 의미의 거장이다.

02

다음 사회의 CEO가 당면할 경영 환경은?

다음 사회에는 경제보다는 사회가 더 중요해진다

신경제 혹은 새로운 사회가 어떤 모습일지 정확히 예측할 수는 없지만, 미래를 예상할 수 있는 몇 가지 현상들과 추세는 파악할 수가 있다. 지난 50년 동안은 경제 문제가 주류를 이루었고, 향후 30년 동안은 사회적인 이슈가 크게 주목을 받게 될 것이다.

다음 사회next society의 산업구조는 지금 사회와는 완전히 다를 것이다. 우리는 20세기 내내 지난 천년 동안 사회를 지탱했던 부문, 즉 농업이 급격히 쇠퇴하는 것을 보았다. 제조업도 같은 경로를 따라가고 있다.

제2차 세계대전 이후 제조업 생산품의 가격은 꾸준히 하락했으며, 반면 주요 지식 제품의 가격, 예를 들어 건강과 문화, 교육의 가격은 인플레를 감안하더라도 3배나 증가했다. 제조업 근로자들의 수가 적으면 적을수록, 정치적으로 한층 더 단결하여 영향력을 발휘하고 있다. 블루칼라 노동자들은 임금만 줄어든 것이 아니라 그들에게 한층 더 중요한 사회적 지위, 즉 사회의 생산부문을 책임지고 있다는 자부심을 상실하고 있다. 세계화에 반대하는 사람들은 '일자리를 빼앗아가는 의미'의 세계화를 반대하는 것이다.

1930년대 드러커는, 산업혁명에 의해 발생된 심각한 불평등이 엄청난 절망감을 가져와 사회가 전체주의 비슷하게 되지 않을까 걱정했다. 불행히도 그의 염려는 적중했다. 경영자들이 종업원들은 마구잡이로 해고하면서도 정작 자신들은 막대한 소득을 올리는 것은 사회적으로도 도덕적으로도 용서받지 못할 일이라고 드러커는 역설했다. 그것은 또 다른 전체주의, 즉 국가에 의한 분배주의를 초래할 수 있기 때문이다. 우리나라도 예외는 아니다.

다음 사회는 인구구조가 매우 달라질 것이다

지금 선진국에서는 노인 인구가 급속히 증가하고, 반대로 젊은 인구는 급감하고 있다. 따라서 어느 선진국이든 예외 없이 가장 빨리 성장하는 산업은 이미 교육을 많이 받은 성인들에 대한 평생교육 산업이 될 것이다. 인구변화의 결과, 이민은 분명 한층 더 뜨거운 이슈가 될 것이다. 그러므로 앞으로 세계는 노인들과 함께 사는 법, 그리고 필요성은 인정하지만 받아들이고 싶지는 않은 이민 문제를 해결하는 법을 배워야 한다.

다음 사회는 지식근로자가 노동력의 지배적 집단이 될 것이다

지식 사회의 주요 특성들은 다음과 같을 것이다.

첫째, 국경이 없다. 왜냐하면 지식은 돈보다 훨씬 더 쉽게 돌아다니기 때문이다.

둘째, 사회적 상승 이동이 쉬워진다. 누구나 손쉽게 정규 교육을 받을 수 있기 때문이다.

셋째, 성공뿐만 아니라 실패할 가능성도 높다. 지식근로자는 '생산 수단', 즉 어떤 직무의 수행에 필요한 지식을 정규교육을 통해 획득할 수 있기 때문에 성공의 기회를 확보할 수 있다. 하지만 그렇다고 해서 모두가 승리할 수는 없다.

넷째, 집합적으로 볼 때 지식근로자들은 새로운 자본가들이다. 그들은 연기금 또는 투자신탁기금의 투자 지분을 통해 많은 대기업들의 주주가 되었다.

다섯째, 지식근로자들은 자신들의 지식과 서비스를 구입하고 있는 고용주들과 자신을 동등한 사람으로 인식한다. 다시 말해 스스로를 '종업원'이 아니라 '전문가'로 인식하고 있다. 따라서 지식사회는 상사와 부하의 사회가 아니라 고참자와 신참자로 구성된 사회이다.

마지막으로, 앞에서 열거한 특성들이 상승 작용하여 지식사회를 치열한 경쟁 사회로 만들 것이다. 그 점은 조직들 사이에서도, 개인들 사이에서도 마찬가지일 것이다. 지식사회의 상승 이동, 즉 성공의 추구는 높은 대가를 치러야 한다. 치열한 경쟁 도중에 느끼는 심리적 압박과 정신적 상처가 그것이다. 세상에는 패배자가 있는 경우에만 승리자가 있는 법이다.

따라서 지식근로자는 자신의 비근로생활과 제2의 인생도 미리 계획해야 할 것이다. 지식근로자들은 자신들만을 위한 비경쟁적인 인생non-competitive life과 공동체에 대한 관심을 가져야 한다. 그리고 어느 정도 외부에 대한 관심사를 (아직 젊었을 때 미리) 준비하고 계발할 필요가 있다. 외부의 관심사는 그들이 인간적으로 사회에 공헌하고 또한 성취할 기회를 제공해줄 것이다.

두 가지 질문에 대해 드러커의 답을 구하다

첫 번째 질문은 "아직은 우리가 알지 못하고 있지만, 분명 앞으로 다가올 큰 변화들은 무엇인가?" 하는 것이다.

두 번째 질문은 "다음 사회를 대비하기 위해 CEO가 지금 해야만 하는 것은 무엇인가?" 하는 것이다.

1870년경 기업이 발명된 이후 대부분의 기간 동안, 다음과 같은 다섯 가지의 기본적 명제가 적용되었다.

❶ 기업은 '주인' 이고, 종업원은 '하인' 이다.

❷ 대다수의 종업원들은 기업에서 하루 종일 일하고, 그들이 받는 급료는 그들의 유일한 수입원이고, 그것으로 삶을 꾸려간다.

❸ 어떤 제품을 생산하는 가장 효율적인 방법은, 그 제품을 만드는데 필요한 활동들 가운데 가능한 한 많은 부분들을 경영자 한 사람의 관리범위 아래 통합하는 것이다. 이 명제를 뒷받침하는 이론이 바로 로날드 코스Ronald Coase가 제기한 '거래비용' 이다(이 이론으로 그는 1991년 노벨 경제학상을 수상했다).

❹ 공급업자와 제조업체는 시장 지배력을 갖고 있다.

❺ 어느 특정한 기술은 하나의 산업에만 적용된다. 모든 제품과 서비스는 고유한 적용 분야가 있으며, 각각의 적용 분야에는 그것에 적합한 고유한 제품, 원료, 기술이 있다는 것이다. 따라서 맥주와 우유는 오직 병에 넣어 판매되었고, 자동차의 바디는 오직 강철로 제작되었으며, 기업의 운전자본은 상업은행의 상업대출로만 조달되었다.

이런 가정들은 1870년경 이후부터 100년간은 타당했으나 1970년경부터는 그 모든 가정들은 하나같이 반전反轉되었다.

지금의 다섯 가지 기본적 명제들은 다음과 같다.

❶ 기업은 '주인'이 아니고, 종업원은 '하인'이 아니다. 생산수단은 지식이고, 그것은 지식근로자들이 소유하고 있으며, 또 쉽게 휴대할 수 있다. 따라서 지식근로자는 기업주와 동등한 동반자 혹은 파트너이다.

❷ 조직에 근무하는 사람들 가운데 점점 더 많은 사람들이 전일제 근무 종업원들full time worker이 아닌, 시간제part timer, 임시직temps, 컨설턴트, 비정규직, 혹은 용역 계약자contractor로서 근무할 것이다. 그리고 그들은 자신들이 일하는 조직의 종업원들이 아니라, 자영업자self employed 또는 인력파견 회사의 종업원들일 것이다.

❸ 거래비용transaction cost 또는 커뮤니케이션 비용이 격감하고 있기 때문에, 경영활동을 경영자 한 사람의 관리범위 아래 통합할 필요가 없다. 기업이 최대한의 통합을 추구해야 한다는 명제는 지금 거의 완벽하게 파기되었다. 한 기업이 주요한 과업을 모두 수행하기에 충분할 정도로 많은 지식을 보유하는 것 역시 어려워지고 있다. 따라서 아웃소싱이 증가하고 있다.

❹ 오늘날 고객은 정보를 갖고 있기 때문에, 공급업자와 제조업체는 시장 지배력을 잃고 있고 있다. 정보를 갖고 있는 사람은 그 누구든 권력을 갖고 있다. 따라서 권력이 고객에게로 이동하고 있다. 그것은 제조업체는 판매자로서의 역할을 마감하고 그 대신 고객을 위한 구매 대행자가 될 것이라는 것을 의미한다.

❺ 이제는 특정산업에 고유한 기술들이란 별로 없다. 어떤 산업에 필요한 지식은 그 산업에 종사하는 사람들이 익숙하지 않은 전혀 다른 기술들로부터 나온다.

Peter F. Drucker

03

다음 사회의 CEO가 해야 할 일은 무엇인가?

혁신하는 법을 배우지 못하면 생존하지 못한다

혁신은 자신을 스스로 재창조하는 것을 의미한다. 오늘날 대기업들은 전략적 제휴와 합작투자를 통해 성장하고 있다. 그럼에도 대기업들은 전략적 제휴를 운영하는 방법을 잘 모르고 있다. 대기업들은 명령을 내리는 일에 익숙해 있고, 파트너들과 협력하는 일에는 익숙하지 않다. 전략적 제휴 또는 합작투자의 경우, 다음과 같은 질문부터 해야 한다. "우리의 파트너들은 무엇을 원하는가? 우리들의 공유가치와 공유목적은 무엇인가?"

벤처 창업가들은 기업이 어느 정도 성장한 뒤에도 "내가 하고 싶은 일은 무엇인가? 나의 역할은 무엇인가?"라고 질문한다. 이것은 잘못된 질문이다. 만약 그런 질문을 한다면, 반드시 자기 자신도 그리고 사업도 망치고 만다. 다음과 같이 질문해야 한다. "이 단계에서 회사가 필요로 하는 것은 무엇인가?" "내가 그런 일을 할 능력을 갖추고 있는가?"이다. 다시 말해 "내가 할 일이, 내가 할 수 있는 일이 무엇인가"가 아니라, 회사가 필요로 하는 것을 먼저 파악해야 한다는 말이다.

지식근로자의 가치관을 만족시키는 경영

〈하버드 비즈니스 리뷰〉에 흥미로운 기사가 실린 적이 있었다. "버핏의 '주주 자본주의' vs 드러커의 '지식경영노동' 중 누가 웃을까?"라는 제목이었다. 21세기 기업의 핵심 가치가 무엇인지에 대해 전설적 투자자 워런 버핏과 세계 최고 경영학자 피터 드러커의 상반된 견해를 게재한 것이다. 두 사람은 20세기 산업사회의 과실果實을 둘러싼 노동-자본간의 대립이 21세기에는 '신자본(주주 자본주의) vs 신노동(지식경영 노동층)'의 대립으로 변화하고 있다고 진단했다. 드러커의 진단은 다음과 같았다.

지식 기반 기업들은 지식근로자가 매력을 느끼도록 하고, 그들을 머무르도록 하고, 동기를 부여하면서 경영해야 한다. 그것은 지식근로자들의 물질적 야망을 만족시킴으로써 달성할 수 있는 것이 아니라, 그들의 가치관을 만족시켜주고, 사회적 영향력을 제공함으로써 달성되어야만 한다. 또한 그들을 부하가 아니라 동료 경영자로서, 그리고 아무리 보수를 많이 준다 해도 '피고용자' 신분으로 두어서는 안 되고 '동업자'로서의 자격을 인정함으로써 달성되어야만 한다.

시대의 변화에 맞춰 의식구조도 변해야 한다

실제로 지난 50년 동안 정보혁명이 진보해온 과정은 초창기 산업혁명이 보여준 것과 정확하게 일치한다. 시대는 변한다. 그리고 사람은 시대와 더불어 변해야 한다. 우리는 기초적인 컴퓨터 사용 수준에서 컴퓨터를 이용하여 높은 차원의 일을 할 수 있는 정보 독해력information literacy 수준으로 이동하고 있다. 영국은 1850년대로 접어들자 산업혁명을 일으킨 국가로서의 우월적 지위를 잃기 시작했고, 또한 산업과 경제에서 차지하던 입지가 흔들리기 시작했다. 처음에는 미국에, 그 다음에는 독일에 밀리기 시작했다.

영국이 뒤쳐진 주된 이유는 경제도 기술도 아닌 사회적인 것이었다. 영국은 사회적으로 기술자를 높이 평가하지 않았다. 기술자는 절대로 '신사'가 될 수 없었다. 영국인들은 인도에 최고 수준의 공업계 학교를 세웠지만, 본국에는 그런 학교를 세우지 않았다. 사실 영국은 그 어떤 나라보다도 '과학자'를 우대했다. 반면 기술자들은 '장사꾼' 지위에 머물렀다. 미국이 21세기의 영국이 되는 것을 방지하기 위해 필요한 것은 무엇일까? 드러커는 사회적 의식구조가 근본적으로 변해야 한다고 주장했다.

공동체를 위한 리더십이 필요한 때

이런 모든 것을 감안할 때 가장 큰 변화들은 아직도 그 징후를 나타내지 않고 있는 것 같다. 그러나 2030년경의 사회는 오늘날의 사회와는 매우 다를 것이고, 미래학자들이 예측한 것과는 거의 닮은 점이 없을 것이라는 점도 확신할 수 있다. 그것은 정보기술에 의해 지배를 받지 않고 정보기술에 의해 그 모습이 결정되지도 않을 것이다. 정보기술은 중요하지만, 그것은 다만 몇몇 중요한 새로운 기술들 중 하나일 뿐이다. 다음 사회의 주요 특징들은, 이전의 새로운 사회들과 마찬가지로, 새로운 기관들, 새로운 이론들, 새로운 이데올로기, 그리고 새로운 문제들로 구성될 것이다.

16세기 말 민족국가와 현대식 정부의 등장은 전례 없는 성공적인 혁신들 가운데 하나였다. 그후 2백 년도 채 안 되어 전세계는 민족국가들로 가득 찼다. 국가적 리더십은 물론 기업의 리더십이 부족하다는 말은 옳은 주장이 아니다.

하지만 지금은 리더십에 관해 새로운 패러다임이 필요한 때이다. 20세기는 정부와 기업 모두 폭발적으로 성장한 시대였다. 선진국에서는 특히 그랬다. 21세기에 무엇보다도 필요한 것은 새로운 지배적인 사회환경 즉, 도시에 새로운 공동체들을 만들어줄 비영리 사회부문 조직들이 폭발적으로 성장해야 한다는 점이다. 공동체를 위한 리더십이 필요한 시기이다.

CEO의 직무는 오페라단을 운영하는 것과 같다

기업은 살아남을 것인가? 물론, 그럭저럭 살아남을 것이다. 법률적으로도, 재무적으로도, 그 새로운 기업은 오늘날의 법인 기업과 매우 비슷할는지도 모른다. 그러나 미래에는 모든 기업들이 채택해야 할 하나의 단일 모델 대신, 선택 가능한 다양한 모델들이 존재할 것이다. 조지프 슘페터의 명제인 '역동적 불균형'과 '창조적 파괴', 그리고 경제적 변화 중개인으로서 신기술에 대해 관심이 크게 증가하고 있는데, 그것은 지금까지의 경제이론과는 정면으로 배치된다.

최고경영자의 모델도 마찬가지로 단 하나가 아니라 다양한 모델들이 등장할 것이다. 지난 20년 동안, 대기업 경영의 성공은 모든 찬사를 독차지했다. 그것이 바로 GE의 잭 웰치, 인텔의 앤디 그로브, 시티그룹의 샌포드 웨일 등과 같은 '슈퍼맨 CEO'가 각광을 받은 이유이다.

하지만 기업은 자사를 경영해줄 슈퍼맨을 찾고만 있을 수가 없다. 슈퍼맨의 공급은 예측불가능하고 또한 매우 한정되어 있다. 오늘날 대규모 조직의 우두머리 자리는 천재가 차지해야 한다는 생각이야말로 CEO가 위기에 빠져 있음을 여실히 증명하는 것이다.

앞으로 CEO의 직무는 매우 복잡한 조직인 오페라단을 운영하는 일과 많이 닮을 것 같다. 스타에 해당하는 주역급 가수들에게는 오페라단장이 명령을 내릴 수가 없다. 조연급 가수들이 있고, 반주를 맡는 오케스트라가 있고, 그리고 무대 뒤에서 일하는 사람들도 있다. 게다가 청중들도 있다.

각 집단은 전혀 성격이 다르다. 그러나 오케스트라 지휘자는 악보를 갖고 있고, 다른 사람들도 같은 악보를 갖고 있는데, 오페라단 경영을 맡고 있는 CEO는 각각의 집단들이 결과를 생산하는 일에 집중하도록 해야만 한다. 이 점이 바로 미래의 CEO의 직무를 이해하기 위한 핵심이다.

04

왜 사람들은 기업을 미워하는가?

대학을 갓 졸업한 학생들의 취업난이 심각한 한편으로, 정작 그들에게 일자리를 제공할 가장 큰 고용기관인 기업을 바라보는 대학생들의 시각은 매우 부정적이다. 이것은 젊은 시절, 단지 정의감에 불타서 부도덕한 기업에 대한 반감을 표현하는 것에 지나지 않는 것인가? 사실 전세계적으로도 반反 WTO 시위에서 보는 것처럼, 기업에 대한 시각, 특히 다국적 기업에 대한 시각은 곱지 않다.

우리나라 역시 반기업 정서가 도를 넘어섰다고 하면 지나친 우려일까? 외국인 기업가들은 우리나라의 노조가 너무 전투적이라고 지적한다. 우리나라의 많은 기업가들도, 다른 여러 가지 이유가 있겠지만, 인건비가 싸고 또 노조가 약한 나라로 자신들의 기업을 상당

수 이전했거나, 이전하고 있다.

일찍이 피터 드러커는 1968년 《단절의 시대》에서 기업이 사회의 한 기관으로, 특히 경제적 문제해결 기관으로서 정부가 하지 못하는 기능을 수행한다고 주장했다. 드러커가 파악한 반기업 정서의 뿌리와 오해, 그리고 기업의 존재 이유를 소개한다.

대공황이 끝날 무렵인 1930년대 후반 유행했던 순진한 신념 하나가 "정부가 모든 것을 다 해결할 수 있다"는 것이었다. 당시 영국 노동당 경제학자 바바라 우튼Barbara Wooton, 1897~1988은 영국 정부로부터 평생 레이디 우튼Lady Wooton이라 호칭되는 귀족 작위를 받는 영예를 누렸는데, 그녀는 대공황 시절 베스트셀러였던 자신의 책에서 "계획을 하느냐 마느냐, 그것이 문제로다"(Plan or not plan. That is problem)라고 외쳤다. 대공황에서 국민들을 구해줄 메시아를 바라는 순진한 마음으로 정부를 향해 쓴 이 열정적인 연애편지보다 오늘날 더 터무니없는 것도 없다.

그 편지에서 그녀가 한 말은, 그리고 매 페이지마다 쓴 것은 "유토피아가 여기에 있다. 오직 우리가 해야 할 일은 사악한 집단들로부터, 그리고 이기적인 집단들로부터 (다시 말해, 기업과 부자로부터) 모든 것을 빼앗아서 그것들을 정부에게 되돌려 주는 것이다"라는 말이었다.

제2차 세계대전은 이런 신념을 더욱 공공연하게 만들었다. 정부는 사회적 에너지를 조직하여 전쟁에 투입하는 과업을 놀라울 정도로 잘 수행할 수 있다는 사실을 또 한번 스스로 증명한 것이다.

국민들은 정부가 계속 기적을 일으키기를 바랐다. 일단 '사악한 개인의 이익' 이 제거되고 나면, 올바른 행동방향이 정해지고, 그에 대한 의사결정은 합리적, 자동적으로 내려질 것으로 생각했다. 사람들은 정부가 국민들로부터 대가를 받지 않고서도 많은 것들을 산출하리라고 (비록 무의식적이긴 하지만) 널리 믿었다. 그리고 무료로 많은 것을 생산할 수 있다는 환상은 20세기의 반세기 동안 거의 보편적으로 받아들여졌다. 그것이 바로 정부 주도하의 부의 분배가 경제 문제를 해결할 수 있다고 가정하는 소위 '분배 오류' distributive fallacy이다.

그러나 사람들은 그때마다 실망을 느꼈다. 그후 사람들의 태도는 변했다. 사람들은 정부를 믿지 않고 의심하는 방향으로 급속히 돌아섰으며, 심지어 젊은이들의 경우 정부에 대항했다. 그것이 1968년 5월 프랑스에서 일어난 학생운동이었다.

그후 학생운동은 여러 나라에서 다양한 모습으로 전개되었다. 미국에서는 반베트남 전쟁으로, 한국에서는 반독재주의 운동으로 퍼져나갔다. 그리고 정부가 사회적 문제를 해결한다고 믿지도 않게 되었다. 미국 존슨 대통령이 추진한 빈곤과의 전쟁War on Poverty이 도시의 빈곤 문제를 해결할 것으로 누가 진실로 믿을까? 혹은, 러시아가 도입한 경제적 인센티브 제도가 집단 농장의 생산성을 올릴 것이라고 누가 진심으로 믿을까? 결과적으로 이런 모든 사회적 계획들은 개인이 원하든 원하지 않든 간에 대가를 치르도록, 즉 조세와 강제저축을 강요한다.

이런 사실이 명백하게 보이는데도 불구하고, 남미를 비롯한 전세계적으로, 사회적 문제를 정부가 해결해주길 바라는 분위기가 일고 있다. 우리나라에서 불고 있는 반기업 정서도 저변에는 그런 배경을 깔고 있다.

반기업 정서의 첫 번째 뿌리는 성경에 나오는 것처럼 이익에 대한 증오, 특히 부자에 대한 증오이다. 돈은 좋지만 부자는 싫어하는 심리이다. 그 결과, 사기업을 반대하는 주장은 단순히 "사기업과 이익은 나쁘다. 그러므로 국유화는 좋은 것이어야만 한다"는 것이었다. 실제로 영국에서 1940년대 말, 당시의 노동당 정권이 최초로 철강산업을 국유화했을 때, 이념적으로 '투철한' 노동조합 출신의 투사를 최고경영자에 앉혔다.

반기업 정서의 두 번째 뿌리는 (첫 번째 뿌리보다 더 위험한 것으로서) 책임과 결정을 회피하려는 인간의 심리이다. 이는 파시즘과 나치즘이 등장하는 데 결정적인 역할을 했다. 에리히 프롬Erich Fromm, 1900~1980은 이런 상황을 1940년 자신의 최초의 저서 《자유로부터의 도피*Escape from Freedom*》의 제목으로 삼았다.

제1차 세계대전 이후 너무나 많은 자유를 쟁취한 젊은이들은 그 자유를 주체할 수 없었기 때문에 자신들의 자유를 떠맡아서 좋은 결정을 내려줄 사람을 원했던 것이다. 어느 나라든(우리나라도 예외는 아니다), 젊은이들은 자칫 자유를 주체하지 못해서, 그래서 오히려 전체주의를, 즉 좌파에 의한 선한 독재를 동경할 우려가 있다는 점에서 걱정스럽다.

05

기업에 대한 오해와 이해

정부는 "모든 것을 다해야 한다"는 강박 관념과 "다할 수 있다"는 과대망상증을 버려야 한다. 그리고는 현실적 목표에 관심을 집중시키고, 수행능력 범위 내에서만 공약을 제시하는 법을 배워야 한다.

본질적으로 정부가 수행하기 어려운 일들도 있다. 애초부터 보존 기능을 수행하는 기관은 혁신에는 적합하지 않다. 모든 기관들은 과거의 과업을 폐기하는 일이, 그리고 비생산적인 일을 중단하기가 어렵다는 것을 안다.

인간이 만든 모든 기관들은 (그 점에서는 우리 개개인도 마찬가지인데) 익숙한 것에 집착하려 한다. 또한 자신이 하는 일이 더 이상 불필요하다는 사실이나, 그것이 결과를 산출하지 못한다는 사실을 받아들이기 싫어한다. 그러나 정부는 다른 어떤 기관들보다 더 과거의 일을 고수해야 한다는 강한 압력을 받고 있다. 사실 어떤 활동이 실패했을 때 정부의 전형적인 대응방식은 그 일에 예산과 인원을 두 배로 늘리는 것이다.

기업이 경제문제를 떠맡아야 하는 이유는, 기업의 본질이 혁신 기관innovative institution이기 때문이다. 사회의 모든 기관들 가운데 기업은 변화를 만들고 또 변화를 관리하는 특수 목적을 위해 설립된 유일한 기관이다. 다른 모든 기관들, 예를 들어 가정, 마을, 동창회, 교회 등은 애당초 변화를 예방하거나, 최소한 지연시키기 위해 설립되었다. 다른 모든 기관들은 필요한 경우에만 그리고 대체로 마지못해 혁신을 하고 있다.

구체적으로 기업은 정부로서는 약점인 두 가지 장점을 갖고 있다. 기업은 그동안 해오던 활동을 중단할 수 있다. 기업이 시장에서 활동하는 한 그렇게 하지 않을 수 없다. 기업이 자본 조달을 시장에 의존하면 더 더욱 그렇다. 어떤 기업가가 제 아무리 돈이 많다고 생각하든, 그리고 천하의 고집쟁이라 하더라도, 시장의 테스트에 대해 더 이상 왈가왈부할 수 없는 시점에 도달하게 된다. 심지어 헨리 포드마저 모델T가 더 이상 시장에서 팔리지 않게 되자 그것을 포기해야만 했다.

더욱 중요한 사실은, 기업은 모든 기관들 가운데, 어느 날 사라진다 해도 사회가 거들떠보지도 않을 유일한 기관이다. 예를 들어, 미국의 가톨릭교회는 더 이상 유지할 수 없는 병원들을 폐쇄하려고 여러 차례 시도했다. 그러나 번번이 지역주민들의 엄청난 반발에 부딪혀 절대 권력을 휘두를 수 있는 주교마저도 자신의 결정을 철회했다.

그러나 미국에서 가장 잘 알려져 있는 비행기 생산회사로서, DC-3 기종(혹은 군대와 유럽인들이 다코다로 부른 기종)의 설계 및 생산회사인 더글러스 사Douglas Company가 1967년 곤경에 처했을 때, 미국 정부도 국민들도 이 회사를 구하려 뛰어들지 않았다. (그후 카터 대통령이 예외적으로 크라이슬러에 대해 구제금융을 제공했을 때 미국의 국론이 찬반양론으로 크게 나뉘었다.) 분명 안됐다는 생각과 아쉬운 감정을 토로하겠지만, 그러나 또한 "결국, 그것은 회사가 잘못했기 때문이지"라는 식으로 생각했을 것이다.

정확히 말해, 기업은 이익을 올릴 수 있다는 바로 그 이유 때문에 손실의 위험도 감수해야 한다. 이런 위험은 기업의 두 번째 장점으로 취급된다. 모든 기관들 가운데 오직 기업만이 성과로써 테스트 받는다. 수익성 원칙profitability principle이라는 것이 아무리 부적절하다 해도 그것은 모두가 확인할 수 있는 테스트이다.

이런 저런 낡은 병원들이 수익이 없다 해도 지역사회에 꼭 필요하다거나, 혹은 그것이 어느 날 다시 필요할 때가 있을 것이라고 주장하면서 폐쇄를 거부할 수 있다. 심지어 가장 형편없는 대학도 없는 것보다는 낫다고 주장할 수 있다. 동창회와 지역사회는 '정겨운 아담한 병원과 시골대학'을 살리기 위한 '도덕적 의무'를 항상 갖고 있다.

이에 반해 소비자는 무감각하다. 어떤 회사가 오랫동안 그 지역에 함께 있었기 때문에 그 회사의 제품을 계속 구입할 의무가 있다는 말을 듣고도, 이상하게도 아무런 감정을 느끼지 못한다. 소비자는 항상 다음과 같이 질문한다. "앞으로 그 제품이 나에게 무슨 도움이 되는가?" 만약 대답이 "없다"라고 나오면, 그는 그 제품의 생산업자가 사라지는 것을 조금도 유감없이 바라만 볼 것이다. 그 점은 투자자도 마찬가지이다. 이것이 하나의 기관으로서 기업이 가진 강점이다. 그것이 바로 기업을 사적 소유로 두는 가장 큰 이유이다.

자본가가 돈을 버는 것을 허용해서는 안 된다는 주장은 인기영합주의적 주장이다. 자본가의 진정한 역할은 그가 돈을 쓸 수 있고, 또 손실을 볼 수 있다는 데에 있다. 그의 역할은 위험을 추구하고, 그 결과 손실을 감수하는 것이다. 개인 투자자는 정부보다 이런 역할을 수행할 준비가 훨씬 더 잘되어 있다. 우리가 사적 소유 기업이 존재하기를 바라는 이유는 도산할 수 있는, 그래서 사라질 수 있는 기관들이 존재하기를 우리가 바라기 때문이다.

우리는, 처음부터 변화에 적응하기로 작정된 기관, 즉 자신의 존재 이유를 거듭 증명해야만 하는 기관이 단 하나라도 존재하기를 바란다. 정확히 말해 기업은 변화를 추구하고 또 관리하기 위해 만들어진 것이기 때문에, 그런 목적을 수행하기 위해 기업이 존재하는 것이다.

그러므로 만약 우리가 진정 강력하고 효과적인 정부를 갖기 바란다면, 우리는 정부가 소유하지 않는 기업이 존재하기를 요구해야만 한다. 우리는 개인 투자자가, 자기 자신의 이익을 위해 그리고 자기 자신이 최선의 판단을 하고는, 실패의 위험을 감수하고 투자할 기업들이 존재하기를 요구해야만 한다.

'사적 기업'의 존재 이유에 대한 가장 강력한 근거는 이익 추구 기능이 아니다. 그것은 바로 손실 감수 기능이다. 그 때문에 기업은 이 세상에 존재하는 기관들 가운데 가장 적응을 잘하고 또 가장 유연한 기관인 것이다. 기업은, 비록 한계가 있긴 하지만, 분명한 성과 검증 기준을 가진 기관이다.

우리는 '정부의 쇠퇴' 에 직면하고 있는 것이 아니다. 반대로, 우리는 활기찬 정부를, 강력한 정부를, 그리고 매우 활동적인 정부를 필요로 한다. 하지만 우리는 크지만 무능한 정부, 그리고 자신은 의사결정과 방향제시에만 국한하고 '집행' 은 다른 기관에게 넘기기 때문에 강력해지는 정부 사이에서 선택해야 하는 상황에 직면하고 있다.

Peter F. Drucker

06

기업에게도 의식과 양심이 있는가?

사회 속에서 기업의 역할은 무엇인가? 이 물음은 기업이라는 영리조직이 사회에 등장하면서, 지금까지 합의를 보지 못하고 있는 주요 과제들 중 하나이다. 기업corporation 또는 회사company라는 조직, 즉 주주 · 경영자 · 종업원 등 여러 개인들이 모여 영리적 책임을 나눈다는 것은 쉽게 이해할 수 있는 개념이 아니다.

중세시대의 거의 모든 사업은 개인들 사이에 일어나는 자급자족적 거래였다. 거래되는 물품들은 대부분 가족 농장에서 경작된 것들로서 이것들을 시장에 내다 팔거나, 교환하거나, 공공기관에 제공하는 것 등이었다.

오늘날과 같은 모습의 법인체는 17세기 서북 유럽에서 성장한 무역회사들에서 시작되었다. 어느 개인 투자자가 항해 자금을 단독으로 전부 조달하기에는 그 규모가 너무나 컸기 때문에 그들은 합작회사joint stock company를 설립했다. 합작회사는 필요한 자금을 조달한 후에는 그것을 사고팔 수 있는 주식을 발행함으로써 투자자들을 영구적인 자본가로 만들었다.

19세기 중반, 유럽과 미국에서는 유한책임회사Limited Company가 유행했다. 그것은 정부의 권력과는 꽤나 다른 새로운 종류의 권력기관이 되었다. 이 새로운 '기업'이라는 조직은 역사상 처음으로 나타난 자율적인 기관으로서 국민 국가nation state의 중앙정부로부터 간섭을 받지 않으면서도 사회 속에 존재하는 권력 중심power center이 되었다. 즉 전례가 없는 순수한 혁신으로 볼 수 있는 것이다.

그간 기업은 서로 다른 두 얼굴을 가지고 활동해 왔다. 수많은 사람들에게 일자리를 제공했고, 생계를 해결할 수 있게 하는 한편, 경제위기나 노동자의 파업시 가차없이 해고나 폐업 등으로 대응했다. 그러나 산업사회를 마감하고 새로운 지식사회·정보사회로 접어든 지금, '사회 속에서 기업의 역할'이 무엇인지 정립하지 않을 수 없다.

기업의 의식과 양심

기업은 사람이 아니므로 의식이나 양심이 없는가? 그렇지 않으면 기업도 사람처럼 의식이 있고, 그래서 도덕적으로 사회적 책임을 인식하는가? 이것은 보는 관점에 따라서 기업의 사회적 책임과 역할에 커다란 영향을 미친다.

첫째, 기업은 의식이 없고 단지 이익추구만 하는 조직이므로, 소비자·종업원·지역사회 등 이해관계자에 대해서 아무런 책임이 없다는 주장이 있다. 법률가들은 일찍이 '인조 인간' 으로서 법인(기업)의 법률적 성격이 무엇인가에 대해 우려를 나타냈다.

17세기 유명한 법률가 에드워드 콕은 다음과 같이 공언했다. "법인은 배반할 수 없으며, 불법을 저지를 수도 없다. 고로 파문破門을 당할 수도 없다. 왜냐하면 그들은 영혼이 없기 때문이다." 수필가 윌리엄 해즐리트는 1824년에 쓴 수필에 콕의 말을 생생하게 인용했다. "법인체는 개인들보다 훨씬 더 추악하고 방종하다. 왜냐하면 그들은 잘못을 저지를 수 있는 더 큰 힘을 갖고 있지만, 불명예와 처벌을 받을 필요는 훨씬 적기 때문이다. 법인은 수치를 느끼지 않으며, 후회하지도 않고, 자비를 베풀 줄도 모르며, 선행도 하지 않는다." 해즐리트는 법인(기업)의 진화가 초래할 위험에 대해 경고했던 것이다.

둘째, 기업은 이윤추구 조직 이상으로서 사고능력이 있다는 주장 또한 가능하다. 기업은 사람과 같으며, 기업주는 기업을 대표하는 대행자로서 인식능력이 있다고 보는 것이다. 기업의 행위는 개인의 행위와 마찬가지로 윤리적 잣대로 평가될 수 있다. 그리고 기업은 자신의 행동에 대하여 법적, 도덕적으로 책임을 져야 하며, 사회 속에서 '건전한 시민', 즉 '좋은 기업시민' good corporate citizenship이라야 한다는 주장이다.

케네스 굿패스터Kenneth Goodpaster는 기업은 각자의 목표와 경제적 가치관과 전략을 가지고 있으므로 의식도 있다고 보았다. 물론 기업을 사람과 똑같이 취급할 수는 없지만 기업을 인격적 조직으로 보는 견해는 기업의 사회적 책임문제를 분석하는 데 있어서 한 걸음 진보한 견해이다.

사회의 구성원으로서 기업

20세기 초, 정치 사상적으로 자유방임적 자유주의가 쇠퇴하고, 기업의 규모가 커지고 그 영향력이 증대됨에 따라, 기업이나 경영자의 사회적 책임 문제가 본격적으로 제기되었다. 그리고 기업윤리의 필요성이 논의되기 시작했다. 특히 1930년대 이후 미국에서는 거대 기업이 등장하여 정치로부터 경제의 자율성을 확보할 수 있는 토대가 마련되었다. 그런데 자본주의 조직 단계에서 거대 기업의 의사결정이 일반 시민에게 중대한 피해와 손실을 초래하는 경우가 종종 있었다. 그로 인해 현대 산업국가에서는 기업의 사회적 책임을 규정하는 새로운 경향이 대두되었다.

기업의 1차적 책임은 '경제적 성과'이다. 적어도 자본비용을 보상할 수준의 이익을 내지 못하는 기업은 사회적으로 무책임한 기업이다. 그런 기업은 사회의 자원을 낭비하고 있는 것이다. 경제적 성과는 기업 생존의 근본이다. 이것이 없으면 기업은 다른 어떤 책임도 수행할 수 없으며, 훌륭한 고용인 · 건전한 시민 · 좋은 이웃이 될 수가 없다. 그러나 교육이 학교의 유일한 책임은 아니고, 치료활동이 병원의 유일한 책임이 아니듯이, 마찬가지로 경제적 성과가 기업의 유일한 책임은 아니다.

기업은 일반적으로 사회와 지역사회에 미치는 영향에 대해 책임을 진다. 예를 들면, 기업이 강으로 방류하는 오염물질이나 기업의 업무 수행 과정에서 일으키는 교통체증 등에 대해서 책임을 지는 것과 같은 이치이다.

기업을 포함해 조직사회의 여러 조직들은 사회문제의 해결 방안을 모색할 책임이 있다. 그리고 조직사회의 조직들은 진정으로 사회적 문제를 조직의 기회로 만들 책임이 있다. 예를 들면 3M은 '3P' Pollution Prevention Pays라는 공해예방 프로그램으로 오히려 기업의 이익을 제고시키고 있다.

기업의 권력에 뒤따르는 기업의 책임

자유주의적 기업관에 변화를 가져온 요인들 가운데 하나는 정치와 기업의 새로운 관계 즉 정경유착과 기업의 권력 확대 현상이다. 기업의 권력이 커지고 그 영향력이 증대되자 그에 상응하는 사회적 책임도 커지게 되었다. 따라서 기업은 다음과 같은 두 가지 규범을 준수하지 않을 수 없게 되었다.

첫째는 소극적인 책임으로서, "기업은 사람들의 정당한 이익 또는 권리를 보장하기 위해서는, ~을 해서는 안 된다"라는 이익 침해 금지적 규범이다.

둘째는 기업의 적극적인 책임으로서, "기업은 사람들의 정당한 기대에 부응하기 위해서는, ~을 해야 한다"라는 적극적인 시행 권장적인 규범이다.

이 두 가지 규범이 현대 기업의 사회적 책임을 공식화한 윤리적 규범이라 하더라도 이것들은 법률로써 명문화되지 않는 경우가 많으며, 기업이 자율적으로 준수해야 할 사회 윤리의 영역에 속한다. 케이스 데이비스Keith Davis는 기업가의 권력에 대해, "권력에는 책임이 따른다"라는 명제를 제창하여 사회적 책임의 원칙을 제안하고 있다.

Peter F. Drucker

07

기업의 사회적 책임은 무엇인가?

"기업의 사회적 책임은 무엇이며, 책임의 영역은 어디까지인가?" 하는 물음도 여전히 학자들 간에 논란거리가 되고 있다. 기업의 책임을 논할 경우, 기업의 경영책임 또는 경제적 책임이라거나, 법률적 책임 또는 윤리적 책임이라 하지 않고, 왜 기업의 사회적 책임이라고 하는가?

이런 모든 책임을 일괄하여 '기업의 사회적 책임'이라고 표현하는 것은, 오늘날의 기업이 자본주의 체제 하에서 이윤을 추구하면서도 사회적 역할을 다해야 하는 존재가 되었기 때문이다.

기업의 사회적 책임과 윤리는 다 같이 경영이념을 바탕으로 하여 전개된다. 현대 사회의 중요한 사회적 제도로서 기업의 올바른 경영이념의 정립은 기업의 존재 이유와 직결된다. 윤리적 타당성을 전제로 하지 않는 경영정책의 전개는, 사회의 궁극적 목표인 '행복의 증진' 을 저해한다는 점에서 사회적 존립기반을 상실하게 한다. 여기에서 기업의 사회적 책임이란, "기업이 사회의 목적이나 가치에 비추어 스스로 바람직한 정책을 세우고, 결정을 하며, 행동을 하는 것" 을 말한다.

그러므로 기업의 행위가 문제가 될 때, 사회적 입장에서 그 책임을 물어야 하는 것은 당연하다. 그렇지 않으면 기업 활동은 원래 경제 행위이므로 발생되는 문제를 경제적 책임으로 돌리거나, 기업의 사회적 책임이라 하면서도 그 내용은 법률적 책임, 혹은 경영자 개인의 경영책임으로 귀결되고 만다.

: : 기업의 책임범위 : :

<table>
<tr><td>임의적 책임</td><td>인류애
문화지원 활동</td><td rowspan="2">사회적 책임
(적극적 책임)</td></tr>
<tr><td>윤리적 책임</td><td>공중을 위한 규칙 준수
사회지원 활동</td></tr>
<tr><td>법률적 책임</td><td>법 · 규범 준수
종업원 도덕성 제고</td><td rowspan="2">성과적 책임
(소극적 책임, 1차적 책임)</td></tr>
<tr><td>경제적 책임</td><td>이윤 창출
이해관계자 이익 존중
기업존속</td></tr>
</table>

경영자의 사회적 역할

사회의 구성원, 그것도 가장 중요한 사회의 구성원으로서 기업은 사회의 발전에 적극적으로 공헌해야 한다고 주장하는 학자들, 예를 들면 엘튼 메이요, 드러커, 아돌프 벌리, 케인스 등은 두 가지 기본적인 사항에 의견을 같이했다.

첫째, 산업사회는 주로 대기업의 등장과 함께 인간적 · 사회적 문제가 심각해졌다는 점이다.

둘째, 경영자는 이러한 제반 문제들을 해결하거나 최소한 개선해 나가야 할 책임이 있다는 점이다.

샌드라 홈즈Sandra Homes의 조사에 따르면, 기업은 단기적 또는 장기적 수익이 없다 하더라도 사회적 문제를 해결하는 데 협력해야 하고, 경영자들도 기업의 사회참여를 바라고 있는 것으로 나타났다.

기업이 사회적 기대에 부응한다는 것은 오히려 장기적 안목으로 볼 때, 기업에 이익을 가져다준다. 존슨 앤 존슨 사의 최고경영자 짐 버크Jim Burke는 윤리의식이 강한 기업들이 꾸준하게 이득을 볼 수 있다고 주장했다.

사실 사회적 책임에 관심을 나타내는 기업들 중에는 실용적인 이유가 전혀 없다고는 할 수 없다. 기업이 사회적 책임을 수행하면 할수록, 앞으로 있을 정부의 간섭과 규제를 피할 수 있다. 그리고 일반 대중이나 정부가 기업에게 기대하는 요구에 대해 적극적으로 순응하는 것이 역행하는 것보다 낫다는 계산이 내포되어 있을 수 있다.

현대기업은 세 가지 성격, 즉 경제적 제도로서의 성격, 통치제도로서의 성격, 공장 공동체로서의 성격을 갖고 있으므로, 오늘날 기업의 경영자는 경제적 · 통치적 · 사회적 기능을 동시에 수행하는 삼위일체적 존재여야 한다.

: : 경영자의 사회적 책임 : :

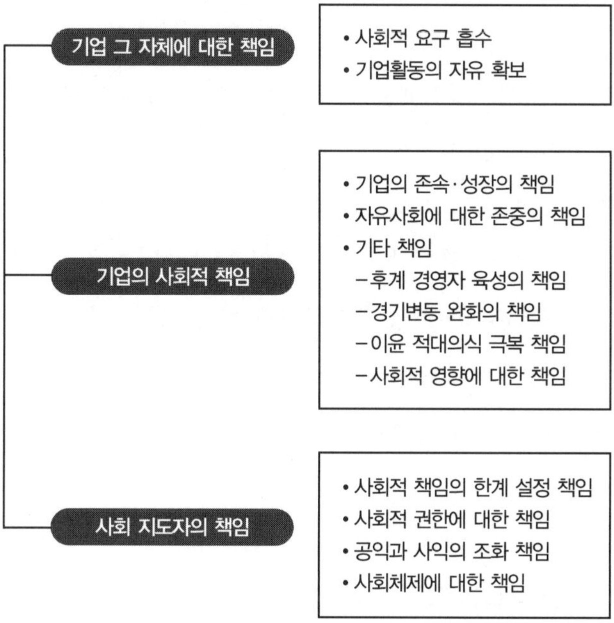

기업의 사회적 책임의 이론적 근거

기업의 경영자가 사회적 책임을 중요시해야만 하는 이론적 근거는 다음과 같다.

첫째, 시장의 불완전성 때문에 독과점 또는 동업자들끼리의 기업 집중 현상이 나타나고, 시장의 자동조절 기능이 약화되어 결과적으로 소비자에게 불이익을 초래한다는 것이다.

둘째, 외부 불경제external diseconomies는 국민복지 수준을 낮추는 작용을 한다. 시장경제 속에서 각 기업이 이윤의 극대화를 목표로 행동함으로써 시장 내부에 해를 끼치는 경우가 있는데, 이를 '외부 불경제'라고 말한다. 예를 들면, 공해방지 시설을 하지 않는 기업은 단기적으로 이익을 보겠지만. 그 결과 지역사회 전체에 불이익을 초래한다. 이러한 외부불경제를 유발하는 사회적 비용은 해당 기업이 부담해야 한다는 것이다.

셋째, 국민적 최저권national minimum의 보장문제이다. 하나의 시민으로서 모든 사람은, 최저임금 · 여가 · 의료 · 녹지 · 교육 · 주택 · 도로 · 교통 등 생활환경 등에 있어서 최저의 복지수준을 보장받아야 한다. 이는 최저 시민권civil minimum이라고도 할 수 있다. 기업의 경제활동은 모든 사람에게 이와 같은 최저생활을 확보하도록 운영되어야 한다는 것이다.

사회감사와 사회보고

사회적 책임에 대한 논의에 더해, 사회적 성과를 어떻게 평가할 것인가 하는 점에서 사회감사social audit와 기업 사회보고corporate social reporting 또는 기업 사회회계corporate social accounting라는 것이 있다.

이것은 사회의 요구에 대응하여 기업이 어느 정도의 사회적 성과를 냈고, 사회적 책임을 수행하였는가 하는 것을 사회에 공시하는 것이다. 다시 말해, 기업의 사회보고는 기업의 사회적 책임 이행 여부에 대해 관심이 있거나 이를 필요로 하는 집단 내지 잠재적 사용자에게 보고서를 제출하는 것이다. 예를 들면, 미국의 GM은 〈공공관계 분야의 발전에 관한 보고*Report on Progress in Area of Public Concern*〉라는 제목의 보고서를 매년 발표하고 있다.

오늘날 대기업들은 새롭게 제기되는 사회적 요구를 예상하고 있어야 하고, 새로운 요구에 부응할 수 있도록 작업조건과 경영방식을 개선하고, 경영전략적 측면에서 목표를 성취시킬 수 있도록 준비해야 한다.

08

지식사회에서 기업과 경영자는 어떤 역할을 해야 하는가

21세기 지식사회는 '지식'과 '지식근로자'에 기초한 사회이다. 손에 굳은살이 박여야만 '정직한 노동'이라고 불리웠던 전통적 사회에서는 대다수가 농부였거나, 또는 20~30년 전까지도 그랬듯이 근로자 대다수가 기계 운전공으로서 대부분 똑같은 일을 했던 사회였다. 그러나 현대는 모두가 서로 다른 작업을 하는 사회이다.

이것은 단지 '변화'라는 표현 이상으로 더 급격히 달라진 것으로, '인간 조건'의 변화라고 하는 편이 더 옳을 수 있다. 지식사회에서는 오래된 지역사회와 공동체(집성촌이나 향우회 또는 동창회 등)와 같은 혈연 · 지연 · 학연의 중요성은 차츰 사라진다. 지금까지는 어떤 사회적인 과제들도 지역공동체 안에서 (물론, 우선적으로 가족에 의해서)

해결되었다. 오래된 지역공동체의 모든 사회적 과제들은 (잘 실행되었든 안 되었든 간에) 한곳에 뿌리를 박고 머물러 있는 개인과 가족들이 해결했다. 지금은 이러한 과제들이 더 이상 오래된 지역공동체에 의해서 해결되지 않는다. 그럴 능력조차도 없다. 사람들은 지역적 또는 사회적 신분을 유지하기 위해 그들이 태어난 곳에 더 이상 머물지 않는다.

말하자면 지식사회는 '이동사회' 라고도 할 수 있다. 지식사회의 핵심적인 요소는 이동성인데, 어디에 살든, 무엇을 하든, 누구와 사귀든 간에 그것은 일시적이고 유동적이다. 이제 지역공동체 대신 새로운 공동체가 등장하고 있는 것이다.

지식사회는 당연히 경쟁사회이다. 모든 사람이 지식과 정보에 접근할 수 있으므로 모든 사람은 자신의 지위를 향상시키기 위해, 그리고 욕망을 달성하기 위해 경쟁한다. 지식사회는 과거 어떤 사회보다도 '훨씬 많은 사람들이 성공할 수 있는 기회가 있는 사회' 이다. 그러나 그것은 당연히 과거 어떤 사회보다도 '많은 사람들이 실패할 수 있는 사회' 이기도 하다.

사회부문과 시민 정신

"누가 지식사회의 사회적 과제를 해결하는가?" 이 질문에 대한 올바른 해답은 '정부' 도 '고용 기관' 도 아니다. 그것은 '사회부문' 이다. 미국에서는 교회들이 중요한 사회부문으로서 항상 존재해 왔다. 미국 교회는 지금도 미국의 자선기관에 기부되는 돈의 거의 절반 가까이를 내고 있으며, 개인들이 비영리 자원봉사 활동에 가장 많은 시간을 보내는 대상이기도 하다.

그러나 지금 미국에서는 종교 이외의 부문들이 새로운 사회부문 활동을 하는 조직으로 등장하고 있다. 1990년대에 들어서, 미국에는 사회부문 활동을 하는 비영리기관 또는 자선기관들이 약 백만 개나 등록되었다. 이른바 NPONon Profit Organization라고 부른다.

그러나 그것은 법률적 용어이다. 미국 법에 의하면, 이러한 조직들은 소득세를 내지 않는다는 것 외에는 다른 조직과 아무런 차이가 없다. 그들이 비영리 목적으로 조직되었는지, 아니면 영리 목적으로 조직되었는지 하는 것은, 그들의 기능과 행위와는 실질적으로 아무런 관계가 없다. 1960년대 이후 미국의 많은 병원들은 영리 목적으로 출발하였으며 법적으로는 기업체와 같다. 그러나 그들은 전통적인 비영리 병원과 똑같은 방식으로 운영되고 있다.

따라서 중요한 것은 법적 규정이 아니라 각 조직들이 각기 다른 목적을 갖고 있다는 것이다. 기업은 재화와 용역을 제공하고 반대급부를 기대하며, 학교는 교육받은 학생들을 배출한다. 병원의 산출은 질병이 완치된 환자이다. 교회의 산출은 삶이 변화된 사람이다.

사회부문 조직들의 과제는 '인간과 사회의 건강' 을 창조하며 사람을 변화시키는 것을 목표로 한다. 또한 현대에 와서 이 조직들은 차츰 또 다른 중요한 목적에 기여하고 있다. '그들은 시민정신을 창조' 한다. 현대 사회의 정치체제는 너무 크고 복잡하므로 시민정신의 발휘, 즉 책임감 있는 참여는 더 이상 가능하지 않다. 시민으로서 우리가 할 수 있는 것은 몇 년에 한번씩 투표하고, 세금을 제때 잘 내는 것뿐이다.

그러나 사회부문 기관의 자원봉사자로서 활동할 때 개개인은 특별한 경험을 할 수 있다. 지식사회는 사회부문을 필요로 하고 있고, 사회부문은 자원봉사자를 필요로 한다. 특히 지식근로자들은 하나의 시민으로서 행동할 수 있는 활동영역, 즉 지역공동체를 만들 수 있는 활동영역을 필요로 한다. 그들이 근무하고 있는 조직은 그들에게 이런 기회를 주지 않기 때문이다. 현대의 선진 사회는 사회부문 속에서, 그리고 사회부문을 통해서, 책임감과 성취감이 있는 시민정신을 다시 창조할 수 있다.

사회공헌과 사회봉사 활동

기업의 사회공헌과 사회봉사에 대한 필요성은 두 가지 분야에서 증가하게 될 것이다.

첫째는 전통적으로 '자선활동'charity 분야이다. 가난한 사람들 · 장애인들 · 고아들 · 전쟁의 희생자를 돕는 것이다.

둘째는 지역사회(또는 공동체)를 변화시키고, 인간을 변화시키려는 목적을 가진 '봉사활동' 분야이다. 사회적 변동기에는 언제나 도움을 필요로 하는 사람들이 증가한다. 이 세상 어디에나 수많은 난민들이 있다. 전쟁과 사회적 격변의 희생자들, 인종적 · 종족적 · 정치적 · 종교적 박해의 희생자들, 무능한 정부와 폭력의 희생자들이 있다. 또한 가장 안정되고 잘 짜여져 있는 사회라 할지라도 지식사회와 지식작업에서 소외된 사람들이 있게 마련이다. 사회와 사회의 구성원들이 새로운 기술과 지식의 근본적인 변화를 소화해내는 데는 적어도 몇 년 또는 그 이상의 시간을 필요로 할지도 모른다.

자선활동은 수천 년의 역사를 갖고 있는 데 비해, 봉사활동은 백년 전부터 특히 미국을 중심으로 급속히 퍼져나가고 있다. 앞으로는 자선을 베푸는 활동보다는 지역사회(공동체)를 좀 더 풍요롭게 하고 인간을 개조하려고 시도하는 봉사활동에 대한 요구가 훨씬 더 빨리 증가할 것이다. 그 이유는 모든 선진국에서 노인 인구가 빠른 속도로 증가하고 있고, 그들 대부분은 혼자 살고 있으며, 또한 혼자 살고 싶어하기 때문이다.

또 다른 이유는 건강과 의료에 대한 관심이 증가하여 건강을 위한 연구, 건강 교육, 그리고 의료 및 치료시설의 증가가 점점 더 요구되기 때문이다. 또한 성인들을 위한 평생교육의 수요도 늘어나고 있다. 결손 가정의 숫자가 증가함에 따라 봉사활동의 필요성이 발생하기도 한다.

그러나 역사적으로 복지국가welfare state를 통해 이러한 요구들을 충족시키려는 시도는 거의 실패했다. 그간의 경험에서 얻은 첫 번째 결론은, 정부는 사회분야에 있어서 집행자 또는 경영자가 되기를 중단하고, 정책 수립자로서의 역할에 한정해야 한다는 것이다. 이것은 "경제분야와 마찬가지로, 사회분야에서도 정부가 개입하지 말아야 한다"는 것을 의미한다.

자아성취를 위한 자원봉사 활동

개인, 특히 지식근로자는 의미 있는 사회생활과 원만한 인간관계를 유지하기 위해, 자기 직무와 직장 이외의 곳에서 자신의 전문지식 분야 이외의 활동을 할 필요가 있다. 그곳이 바로 사회부문으로서 자원봉사 활동이다.

"국가나 지방정부가 해주기를 기다리지 않고, 개인이 옳다고 생각하는 것을 스스로 실행하는 것이 미국인들의 자원봉사 정신이다."

미국의 지도층 인사들은 자신의 고향이나 성장 시절을 보냈던 지역의 발전을 위해 봉사한다는 확고한 의지를 갖고 있다. 그리고 인재 발굴과 육성을 위해 항상 노력한다.

1997년 5월 21일, 조지 부시Goerge H. W. Bush, 1924~ 전 대통령은 워싱턴 교외의 댈러스 공항에서 열린 세계 최초의 병원기病院機 취항식에서 5분 남짓한 축사를 통해 "성공한 인생에는 다른 사람에 대한 봉사가 반드시 포함돼야 한다"고 말했다. 병원기 취항식에 참석해 자리를 빛내는 것 자체가 전직 대통령으로서의 후광을 이용한 봉사활동이다. 과거 미국의 많은 중산층들은 일정한 돈을 내는 것(소위 자선활동)으로 자신의 사회적 의무를 다한다고 생각했으나, 지금에 와선 점차 적극적으로 봉사활동에 참여하고 있다.

그러나 대부분의 선진국에서 자원봉사 활동의 전통이 복지국가의 등장으로 사라져버린 점도 간과할 수 없다. 예를 들면 과거 일본에서는 사찰과 신사神社들이 그 지역 자원봉사자가 솔선 참여하여 활발한 지역활동을 펴는 중심지 역할을 했다. 그러나 1867년의 메이지유신을 통해 종교가 정부의 기능 안에 통합되어 버리자 자원봉사자들과 사찰공동체 활동은 곧 사라져버렸다.

영국에서는 19세기 내내 자선활동은 곧 지역사회의 봉사활동이었으며, 잘사는 사람들의 의무로 여겨졌었다. 1878년 영국에서 창설된 구세군은 빅토리아 시대에 번창하던 지역봉사 전통 가운데 지금까지 전해져오는 한 예이다. 1890년 이후 정부가 사회의 지배자라는 생각이 확산되자 자선활동은 거의 사라져버렸다.

프랑스에서는 나폴레옹 집권 이후, 정부에 의해 통제되지 않는 어떠한 공동체 활동도 음모로 간주되어 감시를 받았다. 지금도 동남아 일부 국가에서는 어떤 목적이든 사람들이 모이는 것을 금지하고 있다.

그러나 미국의 경우는 달랐다. 미국 교회의 다양한 교파들, 주州 · 카운티 · 시 등 지방자치의 강조, 그리고 개척 당시부터 고립된 생활을 한 정착민들의 공동체 전통이 미국에서 사회활동의 정치화나 정부 집중화를 늦추었던 것이다.

자원봉사자들은 이제 더 이상 남을 '돕는자들' helpers이 아니라 '동반자들' partners이다. 미국에서 봉사활동 자원자 수가 폭발적으로 증가할 수 있었던 주된 이유는 봉사활동의 수요가 증가했기 때문이 아니라 자원봉사자들이 스스로 지역사회를 찾아, 참여와 봉사의 기회를 찾아나섰기 때문이다. 이들은 주로 전문직 남편들과 아내들로서, 맞벌이 부부들이고, 30~40대 중반의 교육수준이 높고, 풍요롭게 살며, 바쁜 사람들이다. 이들은 일을 즐기며, 효과적으로 활동할 수 있는 곳에서 뭔가를 해보려는 필요를 느끼는 것이다.

그래서 이들은 자발적으로 지역 교회의 성경반을 운영하거나, 혹은 병원에서 퇴원한 노인을 방문하여 물리치료를 해주거나 한다. 지미 카터Jimmy Carter 전 대통령은 퇴임 후 고향 조지아주 플레인즈의 침례교회를 종종 찾아가 주일 교리반에서 학생들에게 성경을 가르쳤고, 해비타트 운동에도 동참했다. 그리고 2007년 노벨 평화상을 수상했다.

자원봉사도 성과를 올려야 한다

미국 비영리기관 전국연합회의 회장인 브라이언 오코넬Brian O'Connel은 10년 이내 미국 성인의 3분의 2에 해당하는 1억 2천만 명이 일주일에 5시간씩 비영리기관의 자원봉사자로 활동할 것으로 추정했다. 이는 비영리 봉사활동을 하는 사람이 두 배로 증가한다는 것을 의미한다.

비영리기관의 잠재력이 현실로 나타나기 위해서는 다음의 두 가지가 해결되어야 한다.

첫째, 일반적인 비영리기관이라 하더라도 자기관리와 경영을 최고 수준으로 하지 않으면 안 된다. 대부분의 사람들은 여전히 봉사활동을 '선의'와 '순수한 마음가짐'만 있으면 된다고 믿고 있다. 성과와 결과에 대해서 스스로 책임을 져야 한다고 생각하지 않기 때문이다. 능력이 모자라는 사람이 단지 착한 마음으로 봉사를 한다면, 그것은 사회적 에너지를 분산시키거나 헛수고를 하는 것이다.

둘째, 비영리기관들은 자금조달 방법을 배워야 한다. 비영리기관 종사자들이 자주 하는 말 "세상 사람들이 점점 더 동정심이 부족해지고 인색해지고 있다"는 것은 근거가 없다. 몇 년 동안 미국에서 헌금은 개인소득의 2.5%에서 2.9%로 증가했다. 불행히도 많은 비영리기관들은 돈을 모금하기 위해서 아직도 '필요성'needs을 외치고 다니지만 이제는 기업이나 일반 대중들은 '결과'results를 보고 기부를 한다. 사람들은 더 이상 '자선'에 돈을 주는 것이 아니라, 사회봉사를 '사들이고' 있는 것이다.

09

비영리 조직도 성과를 내야 한다

앞으로 사회는 어떤 기업이 제공하는 상품의 질이나 창출하는 이익만으로 그 기업을 평가하지는 않는다. 어떤 기업이 사회의 구성원으로서 적절한 행동을 하고 있는가, 또는 타당한 노력을 하고 있는가 하는 점을 중요한 평가 기준으로 삼을 것이다. 앞으로 그것은 한층 더 명확해질 것이다.

선도적인 미국 기업은 '윤리강령' ethics code을 적극적으로 공표하고 준수할 것을 공약하고 있다. 윤리강령에는 윤리가 기업 이익보다 우선한다고 되어 있으며, 위반할 경우의 벌칙규정까지 명기되어 있다. 뿐만 아니라 강령의 내용을 사원들에게 철저히 인식시키기 위해 사내 시스템도 갖춰져 있다. 기업윤리를 전문적으로 담당하는 조직을 설치하고 경영으로부터 독립성을 보장하고 있다.

IBM은 윤리적 판단에서 확고한 중립성을 가진 법무담당관을 두고 있는데, 그는 일반 명령 계통으로부터 독립되어 있다. 문제가 일어나면 현장의 관리자를 제치고 해당 업무를 집행한 담당 중역에게 의견을 말할 수 있다. IBM은 윤리관련 활동을 감시하는 '감사위원회'를 이사회 안에 두고 있다.

한국의 기업은 이와는 전혀 다른 상황에 있다. 우선 윤리담당 조직을 두고 있는 회사가 적다. 있다 하더라도 사장실 등의 감독 하에 있어 독립성을 유지하는 것이 사실상 어렵다. 기업의 세계화가 진전되는 가운데, 기업의 윤리 규정에도 국제적 기준을 적극적으로 도입하지 않으면 공정한 국제사회를 구성하는 일원으로서 인정받지 못하게 될 것이다.

봉사활동의 후원

"19세기는 '기업의 시대' 였고, 20세기는 '정부의 시대' 였으나, 21세기는 '지역사회(공동체)의 시대' 가 될 것이다"라고 드러커는 말한다.

지식사회의 지식근로자는 아무리 보수가 좋고 만족스러운 직장이라 하더라도 직장 일과는 별개의 어떤 일을 하면서, 다시 말해 스스로 자청한 사회적 책임을 다함으로써 행복감을 느낀다. 이는 특히 성공한 사람들 사이에서 확산되고 있다. 따라서 기업은 그런 활동의 후원자가 되어야 한다.

비영리조직에서 무보수로 일하는 자원봉사자들에게, "보수를 받고 일하는 직장에서도 할 일이 많은데 왜 그 많은 시간과 정력을 자원봉사자로서 무보수로 일을 합니까?"라고 질문하면, 그럴 때마다 그들은 똑같은 대답을 한다. "비영리조직에서 하는 일은, 내가 무엇을, 왜 하는지 분명히 알고 있기 때문에 무엇인가에 공헌하고 있다는 것을 느낄 수 있기 때문입니다."

미국 등 구미 선진국의 기업들은 대체로 세전 이익의 2% 내외를 사회공헌 활동비로 할애하고 있다. 사회가 좋아지고 경제적으로 발전되면 일반 시민이 혜택을 보는 것과 마찬가지로 기업도 혜택을 보게 된다. 따라서 기업도 사회문제를 인식하고 그 해결을 위하여 공헌하고 노력할 의무가 있다고 생각하는 것이다.

일본의 경단련은 '1%클럽' 을 만들어 세전 이익의 1% 이상을 반드시 사회공헌 활동에 써달라고 회원사에 요청하고 있다. 일본의 많은 문화예술인들은 버블경제의 붕괴와 함께 기업 메세나mecenat(예술 문화를 보호 · 지원하는 것)가 쇠퇴해 버리지 않을까 걱정했다. 일본의 기업 메세나 협회는 기업의 예술 · 문화 지원활동의 활성화를 목표로 하는 일본 최초의 기업 연합체로서 1990년 2월에 설립되었다. 발족 당시 이미 버블경제가 붕괴되기 시작하고 있었으나 그래도 경제적으로는 여유가 있었기 때문에 메세나는 그런 대로 확산되었다. 그후의 심각한 장기적인 불황은 기업 메세나를 어렵게 할 것으로 추측되었다. 그러나 실제로 불황기에도 일본에서 기업 메세나는 쇠퇴하기보다는 착실하게 자리를 잡아갔다.

성과란 사용 가능한 자원을 최대한 이용하여 결과를 얻는 것이다. 가져오지도 못할 결과에 대한 기대와 약속을 늘어놓는 것이 아니다. 마찬가지로 비영리조직에서도 성과가 계획되어야 한다. 치밀한 계획 없이 시작한 비영리조직들은 성과를 거둘 수 없다.

17세기와 18세기 초 몇 사람의 예수회 신부들이 선교활동을 위해 중국에 몰래 들어가는 데 성공했다. 그들은 어느 모로 보나 대단한 사람들이었다. 그들은 박해도, 고난도, 위험도 무릅쓴 사람들이었다. 그들은 단 몇 명의 중국 사람들이라도 그리스도의 가르침을 수용하도록 끝없는 희망으로 노력을 계속했다.

그러나 결과는 하나도 없었다. 그런 과정에서 그들은 대단히 존경받는 인물이 되었고, 사후에는 성인Saint이 되기도 했지만, 결과적으로 예수회는 뛰어난 인재만 소모한 것이었다. 그후 예수회는 모든 면에서 탁월한 신부들을 성과가 없는 그런 곳에 '선교'라는 이름으로 보내는 일을 중단했다.

120여 년 전 젊은 여자아이들을 위하여 벌인 교육사업이 비록 구세군의 첫 자선사업 활동이었음에도 불구하고, 지금에 와서는 그 필요성이 없어지자 구세군은 그 사업을 폐지했다.

이 에피소드에서처럼 비영리조직도 올바른 방법으로 추진되어야 하고, 반드시 성과를 내야만 한다. 또한 기업은 성과를 내는 비영리조직에 효과적으로 자원을 투입해야 한다. 그것이 지식사회 속에서 기업의 사회적 임무이다.

: : 제6장 : :

피터 드러커의 사상을 읽는다

Peter F. Drucker

01

지식근로자의 역할

서브프라임 모기지 부실로 시작한 미국의 금융위기가, 글로벌 금융위기로 확산되고 우리나라에도 큰 영향을 미치고 있다.

이에 대해 1929년 미국에서 촉발된 대공황 시대와는 달리, 한편으로는 전세계 지도자들이 글로벌 금융위기를 해결하기 위해 공조하고 있으며, 또 글로벌 자본주의를 지키려고 노력하고 있다.

또 다른 한편으로는 세계경제에서 미국의 지도적 역할은 끝났고, 신자유주의는 종말을 맞았으며, 자유경쟁을 바탕으로 하는 자본주의는 제한되고 또 수정되어야 한다는 주장이 제기되고 있다. 심지어 자본주의에 대한 '마르크스의 복수' 운운하는 소리가 들리더니 최근 동독에서는 《자본론》이 날개 돋힌 듯이 팔린다는 기사도 보인다.

자유경쟁을 바탕으로 하는 글로벌 자본주의가 또 다시 장기간의 대공황을 유발하고, 실업자를 양산할 바에야 '자유와 평등'은 없어도 좋으니 다시 전체주의로 돌아가자는 구호가 들릴까 염려스럽다.

사실 1930년대의 대공황을 해결한 것은, 대공황 중에 실시된 뉴딜 정책이었다기보다는, 무솔리니의 파시즘과 히틀러의 나치즘과 일본의 군국주의, 즉 전체주의가 일으킨 제2차 세계대전으로 인한 파괴와 새로운 건설붐 덕분이었다. 그런데 전쟁을 일으킨 전체주의적 군국주의는 전쟁(제1차 세계대전)과 (1930년대의 대공황으로 인한) 실업을 없애고 지상천국을 만들겠다고 약속하면서 등장했다.

유사 이래 서유럽인들이 추구해온 두 가지 이념은 고대 그리스와 유대민족에서 출발한 자유와 평등이었다. 그것을 위해 서유럽인들은 혁명을 했고, 피를 흘렸으며, 또 목숨도 바쳤다. 그러나 전쟁과 실업이 만연하자 서유럽인들은, 고귀한 자유도 평등도 포기하고, 전쟁과 실업이라는 두 악마를 물리쳐주겠다고 약속한 나치즘과 파시즘 정부를 지지했다고 피터 드러커는 분석했다.

이제 서유럽의 정치이념을 넘어 자유사회의 보편적 이념으로 자리잡은 자유와 평등은 오늘날 다시 한번 큰 시련을 맞고 있다. "어떤 사회가 좋은 사회인가?"에 대해서는 사람마다 다르게 정의할 수 있고 또 각자 선택할 수 있다. 그러나 "어떤 사회가 나쁜 사회인가?"에 대해서는 모두가 동의하는 하나의 모습이 있다. 혼탁한 물에서 물고기가 살 수 없고, 맑은 공기 없이는 인간이 살 수 없듯이, 제대로 기능하지 못하는 사회에서는 사람이 사람답게 살 수가 없다. 나쁜 사회란 곧 자유와 평등이 보장되지 않는 사회이다.

애덤 스미스는 인간은, 오직 내세來世 천국에서 '하느님과 행복' 하게 되는 것이 아니라, 생필품과 편의품의 생산증대와 소비증대로 '지상에서도 행복' 해질 수 있다고《국부론》에서 역설했다.

피터 드러커는 인간이 행복하려면 재화와 서비스 등 물질적 소비수준이 향상되어야 한다는 스미스의 견해에 공감했고, 재화와 서비스의 생산을 담당하는 주체인 기업의 역할에 대해 깊이 연구했다. 드러커의 관심은 "어떤 사회가 기업하기 좋은 사회인가?" 그리고 "기업과 경영자는 어떻게 행동해야 하는가?"라는 문제에 대해 답을 찾으려고 했다.

경제 발전은 지상에 천년왕국을 세운다는 약속이고, 기업활동은 그것을 실천하는 것이므로, 사회의 모든 에너지는 경제적 목적의 증진에 집중되어야 한다. 그러나 평등이라는 사회적 목적이 외면된다면 자본주의는 아무런 의미도 없으며, 정당화될 수도 없을 뿐더러 존립할 가능성도 없다.

자본가들과 자본주의를 옹호하는 사람들은 경제의 확대와 성장 그 자체가 목적이 아니라는 사실을 명심해야 한다. 경제의 확대와 성장은 오직 사회적, 경제적 평등이라는 사회적 목적을 달성하기 위한 수단이다. 이것이 바로 자유평등 사회를 지탱하는 자본주의적 기업과 지식근로자의 역할이다.

Peter F. Drucker

02

한 시대를 관찰한 피터 드러커

과거와 현재와 미래에 대해 통찰을 보여준 사람

경영학계에서 '현대경영학의 아버지'라고 부르는 피터 드러커Peter F. Drucker, 1909~2005는 96세의 긴 인생을 살면서 한 시대를 관찰하고, 통찰력 있는 글을 남겼다.

역사학자 에릭 홉스봄Eric Hobsbaum, 1917~ 은 진정한 20세기는 제1차 세계대전이 일어난 1914년부터 시작되어 소련이 해체된 1991년에 끝났다고 말했다. 그 기준에서 보면, 1909년에 태어난 드러커는 19세기 말에 태어나 20세기를 온전히 살았고 21세기 초(2005년)에 세상을 떠났다. 조금 과장하여 표현하면 드러커는 3세기를 관통하는 삶을 살았다.

드러커는 오스트리아 빈에서 태어나 그곳에서 김나지움을 졸업하고, 1927년 함부르크로 가서 섬유무역회사에서 사회생활의 첫걸음을 내디뎠다. 1931년 프랑크푸르트 대학에서 국제공법 전공 법학박사 학위를 취득한 후 프랑크푸르트 대학의 시간강사 겸 프랑크푸르트 〈게네랄안차이거〉의 기자로 근무하면서 당시 정치무대에서 두각을 나타내고 있던 히틀러와 나치당의 행태를 관찰했다.

1933년 드러커는 나치가 권력을 잡자 유럽을 탈출하기로 마음을 먹고 반나치 관점의 역사철학 소책자 《프리드리히 율리우스 스탈: 보수주의적 국가이론과 역사발전》을 출판했다. 그는 1934년 런던으로 가서 금융업에 종사하면서 케인스가 주관하는 케임브리지 강의를 들었다.

1937년 런던에서 결혼한 후 곧 영국 신문사의 특파원으로 미국으로 갔고, 1939년 초(영국에서는 1938년말) 최초의 단행본 《경제인의 종말: 전체주의의 기원》을 발간했다. 그리고 뉴욕의 사라 로렌스 대학에서 경제학 및 통계학을 강의했다. 1942년부터 1949년까지 버몬트주 베닝턴 대학의 철학 및 정치학 교수가 되었다. 그 사이 《산업인의 미래》(1942), 《기업의 개념》(1946), 《새로운 사회: 산업질서의 해부》(1950)를 발표했고, GM에 대해 경영 컨설팅을 했으며, 제2차 세계대전 종전 후 마셜플랜에 참여했고, 트루먼과 아이젠하워 등 미국 대통령의 자문에도 응했다.

드러커는 1950년부터 뉴욕대학교에서 경영학을 가르치기 시작했는데, 이때부터 〈하버드 비즈니스 리뷰〉에 기고했고, 《경영의 실제》(1954)와 《단절의 시대: 변화하는 우리 사회를 위한 지침서》(1968)를 출판했다. 1971년 62세로 뉴욕대학교에서 정년퇴임한 뒤 캘리포니아 클레어몬트 대학교로 이동하여 경영학, 사회과학, 사회생태학을 강의했고, 포모나 대학에서 동양미술을 가르쳤으며, 〈월스트리트〉지에 장기간 기고했고, 경영학에 대한 관심을 집약한 《경영: 과제, 책임, 실제》를 출판했다. 그리고 《보이지 않는 혁명— 어떻게 연금기금 혁명이 미국에서 일어났는가?》(1976), 《혁신과 기업가정신》(1985), 《새로운 현실》(1989), 《자본주의 이후의 사회》(1993), 《넥스트 소사이어티》(2002), 《기능적인 사회》(2003) 등 미래에 대한 통찰력 있는 저서들을 남겼다.

드러커는 긴 인생을 살면서 법학(박사학위), 저널리즘, 역사, 철학, 정치학, 경제학, 경영컨설팅, 사회학, 경영학, 예술(동양미술 평론서와 두 권의 소설도 있다), 사회생태학 등에 관심을 가졌고, 강의를 했으며, 글을 남겼다.

분류하자면 그 가운데 법학, 역사, 철학, 예술 등은 '과거 시대'에 대한 관심이고, 저널리즘, 경제학, 경영컨설팅, 경영학 등은 드러커가 살던 '현재 시대'에 대한 분석이었으며, 정치학, 사회학, 사회생태학 등은 '미래 시대'에 대한 희망이었다.

물론 드러커는 미래를 예언하지 않았다. 그는 '예언'이나 '예측'이라는 말을 싫어했다. 사회과학에서 미래는 '창조'의 대상이지 '예언'의 영역이 아니다. 드러커는 이렇게 말했다. "사회과학의 미래를 예측하는 가장 좋은 방법은 그 미래를 만들어버리는 것이다."

03

드러커 경영사상의 출발점 《경제인의 종말》

전체주의의 기원을 밝히다

드러커의 최초의 대중적인 저서 《경제인의 종말》은 제2차 세계대전이 발발하기 직전인 1939년 존데이출판사를 통해 발간되었다. 이 책에서 그는 부제목이기도 한 '전체주의의 기원'에 대해 최초로 정치적, 사회적으로 설명을 시도했다. 당시 유럽과 미국의 지식인들과 달리 드러커는 전체주의적 사고를 거부하고, 나치즘과 파시즘은 고려할 여지도 없으며, 또 마르크스주의는 서구사회의 미래가 될 수 없다는 등의 주장을 담고 있어서 큰 충격을 던졌다.

그 무렵 출판된 유럽의 정치와 사회를 분석한 다른 많은 책들은 제2차 세계대전 이전의 히틀러에 대해서는 거의 언급하지 않았다. 나치즘을 대부분 '독일 국민성의 표현'으로 보거나, 나치즘과 파시즘을 '죽어가는 자본주의의 최후의 발악'으로, 그리고 마르크스 사회주의Marxist socialism를 미래의 구세주로 묘사했다.

그러나 드러커는 전체주의를 '국민성'에 기초하여 해석하기를 거부했다. 국민성 혹은 국민 역사는 '사람이 어떻게 행동하는지' 그 방법을 설명할 수 있을지는 모르지만, '사람이 무엇을 하는지'는 설명할 수 없기 때문이었다.

드러커는 전체주의(나치즘과 파시즘과 스탈린주의)를 유럽의 정치체제가 앓고 있는 고질병으로 진단했다. 그리고 마르크스주의는 미래의 구세주도 아니며, 마르크스주의의 실패야말로 유럽의 대중이 절망적으로 전체주의에 빠져들게 한 주요 원인이라고 분석했다. 이런 관점들과, 그것들이 유도해낸 결론들은 1930년대에는 너무도 비정통적이고 이단적이어서 그것을 책으로 출판하기 전에 드러커 자신마저도 오랫동안 망설였다.

드러커는《경제인의 종말》의 최초 원고를 출판되기 6년 전인 1933년 2월, 히틀러가 독일의 권좌에 앉은 지 몇 주 뒤부터 쓰기 시작해, 드러커가 영국에서 미국으로 건너 온 1937년 말에 완성했다.

드러커는 이 책에서 히틀러의 반유태주의가 모든 유태인들을 죽이는 '최후의 해결책'으로 이어지리라는 것, 서유럽이 엄청난 규모의 군사력을 보유한다 해도 독일 군에 효과적으로 저항하지 못하리라는 것, 그리고 히틀러와 스탈린은 불가침 조약을 맺게 될 것 등으로 결론을 내렸다. 그러나 그 결론이 너무도 혼란스러워서 출판을 보류했던 것이다.

1938년 3월 나치가 오스트리아를 합병하고, 9월 뮌헨회담(영국의 체임벌린, 프랑스의 달라디에, 이탈리아의 무솔리니, 독일의 히틀러가 참석)에서는 체코의 주데텐란트를 히틀러에게 넘겨주기로 합의했다. 《경제인의 종말》은 뮌헨조약 후 채 몇 달이 지나기도 전에 히틀러는 '달랠 수 있는' 존재가 아니라는 사실을 예언했다. 그리고 독일군에 의해 한 나라가 점령되기 전까지는 서유럽에서 나치에 대한 저항은 일어나지 않을 것이라고 예언했다. 이런 결론들은 히틀러를 관찰하고 또 심각한 인물로 간주했더라면 누구라도 내릴 수 있는 불가피한 결론인데도 하나같이 그 당시에는 전혀 받아들일 수 없는 주장이었다.

심지어 (당시 유럽 지식인 사회가 반발할 위험을 무릅쓰고) 이 책을 출판한 존데이출판사의 대표 리처드 J. 월쉬Richard J. Walsh마저도 뮌헨회담 직후 이 원고를 읽고 난 후 드러커에게 그런 극단적인 결론들에 대해 좀더 완곡하게 쓰도록 종용했다.

《경제인의 종말》은 1938년 말 영국과 1939년 초 미국에서 출판되자마자 엄청난 주목을 끌었고, 판매에서도 즉각 성공을 거두었다. 이 책은 미국보다도 영국에서 더 성공적이었다. 그것은 우연한 사건 때문이었다.

당시 관직에서 물러나 있던 윈스턴 처칠Winston Churchill, 1874~1965이 최초의 서평을, 그것도 강렬한 서평을 런던의 〈타임스 리터러리 서플먼트〉 지에 기고하여 이 책을 논쟁거리로 만들었다. 1939년의 처칠은 사실상 한물 간 사람이었다. 그는 65세의 힘없는 늙은이였으며, 뮌헨회담 이후에도 유력한 총리 후보로 손꼽히지도 않았다.

이 책이 출판된 지 6개월쯤 후인 1939년 8월 23일, 드러커의 예측대로 히틀러는 뒝스탈린과 독소불가침조약 동맹을 맺었고(그리고

1941년 6월 22일 독일은 소련을 침공한다), 그로부터 18개월이 지난 1940년 5월, 영국은 케르크 철수작전(1940년 5월 27일~6월 4일)을 벌였고, 6월 14일에는 파리가 독일군에 함락되었다. 우여곡절 끝에 총리가 된 처칠은 곧《경제인의 종말》을, 전체주의에 대항하여 자유와 평등을 지켜야 하는 임무를 띤, 영국 사관학교 졸업생들의 필독서 목록에 올리고 또 전투용 배낭에 한 권씩 넣도록 지시했다.

드러커 사상의 원천

《리엔지니어링》의 저자 마이클 해머Michael Hammer는 이렇게 말했다. "도스토예스키는 '러시아 근대문학은 아버지 고골리와 어머니 푸쉬킨으로부터 나왔다'고 한 적이 있는데, 이에 비유해 말하면 현대 경영학은 피터 드러커로부터 나왔다." 해머와 같은 비유로 말하면 드러커의 경제경영 사상의 출발점은《경제인의 종말》이다.

이 책은 드러커의 모든 사상(정치, 사회, 경제, 역사, 철학, 그리고 경영 등)의 원천이다.《경제인의 종말》이후 드러커의 모든 저서들은《경제인의 종말》에서 분석하고, 주장하고, 예측한 것을 시간의 검증을 거치면서 자신의 생각이 옳았는지 혹은 틀렸는지를 밝히고, 다시 분석하고, 수정하고, 다시 주장하고 또 예측하는 것들이었다.

이 책의 분석 대상은 제1차 세계대전 이후, 대공황 시기, 그리고 제2차 세계대전 직전, 다시 말해 양차 대전 사이에 전체주의(이 책에서는 주로 나치즘과 파시즘을 말하며 이 외에도 당시 일본 군국주의, 스탈린주의, 스페인의 프랑코 정부도 포함된다)가 등장한 이유와 전체주의 정부의 폭정과 미래 전망에 대한 것이다. 그렇다면 70년 전의 이 책이 오늘을 사는 우리에게 무슨 의미가 있는가?

E. H. 카Edward H. Carr, 1892~1982는 1961년 저서 《역사란 무엇인가 *What is History*》에서 "역사는 현재와 과거 사이의 끊임없는 대화이다"라고 주장했다. 현재는 미래를 껴안는다. 역사는 미래를 여는 열쇠이다. 우리가 과거와 현재를 연구하는 것은 궁극적으로 미래를 알기 위해서이다. 《경제인의 종말》을 읽는 것은 드러커의 사상의 원천을 이해하는 것은 물론이고, 전체주의란 무엇이며, 다시 그것이 나타날 가능성은 없는가 하는 것을 생각해보려는 것이다.

04

영적靈的 인간, 지적知的 인간, 그리고 경제인

인간 사회는 변한다. 사회가 변한다는 것은 사회에 대한 사회 구성원의 인식의 변화를 의미한다. 그리스 도시국가와 기독교의 등장 이래 서유럽 사람들이 인간과 사회를 보는 관점은 "자유롭고 평등한 인간free and equal man이 자유평등사회free and equal society에 사는 것"이었다.

2천여 년 동안 서유럽 사람들은 '자유'와 '평등'을 삶의 목적으로 정했고, 황제, 군주, 교황, 독재자, 대통령, 정당 등의 어떤 집단이 권력을 잡는 정당성의 근거로써 그들은 자유와 평등을 실현한다는 약속을 했다. 유럽의 역사는 이런 이념을 현실 사회에 실현시키려는 투쟁의 역사이다.

역사 발전이라는 관점에서 자유와 평등을 실현하는 대상 영역과 자유와 평등을 실천하는 인간의 모델은 시대마다 달랐다. 유사 이래 빈곤이 지배적이었던 사회, 즉 물질적으로 빈곤했고 억압적인 중세 시대까지는 부의 평등과 자유가 실제로 불가능했으므로, 국가와 종교의 지도자 모두 내세來世에서는 모든 사람이 평등하다고 믿게 했고 또 사람들은 그렇게 믿었다. 중세시대까지 그 약속은 허구가 아니라 현실이었다. 그들은 '영적 인간' spiritual man을 인간의 모델로 보았고, 자유와 평등의 실현을 영적 영역spiritual sphere에서 추구했다.

르네상스가 한창이던 16세기 경, 영적 인간의 질서가 더 이상 효능을 발휘하지 못하고 붕괴되자 사람들은, 마르틴 루터Martin Luther, 1483~1546의 가르침에 따라, 성경 말씀을 (사제가 아니라) 자신이 직접 해석하고 자신의 운명을 스스로 결정할 수 있다고 생각하게 되었다. 따라서 인간의 모델이 영적 인간에서 '지적 인간' intellectual man으로 바뀌었고, 자유와 평등은 지적 영역intellectual sphere에서 그 실현 장소를 찾게 되었다.

18세기 경, 지적 영역에서도 자유와 평등의 실현이 불가능해지게 되자, 자유와 평등은 그 실현 장소를 찾아 사회 영역social sphere으로 넘어왔다. 사회 영역에서 인간의 모델은 처음에는 '정치적 인간' political man이 되었고, 그 다음에는 '경제인' economic man이 되었다. 그렇게 되자 자유와 평등은 사회적·경제적으로 의미를 갖게 되었고 그런 사회가 바로 '경제인 사회' economic society이다.

경제인 개념이 처음으로 학문적 용어로 등장한 것은 애덤 스미스Adam Smith, 1723~1790와 그의 추종자들이 사용한 호모 이코노미쿠스homo economicus라는 용어 때문이었다. 경제인은 매우 현명하고, 도덕적 판단을 하지 않으며, 언제나 자신에게 최대한 경제적 이익을 안겨주는 행동을 하기를 원할 뿐 아니라 그 방법도 알고 있다고 간주한다.(이에 반해 마르크스가 말하는 경제인은 자신이 속한 계급에게 최대의 경제적 이익을 제공하기 위해 행동하는 인간 모델이다.)

1776년 스미스는 《국부론》에서 "인간은 천국에서 하느님과 행복하게 되는 것이 아니라, 지상에서 생필품과 편의품의 생산증대와 소비증대로 행복해질 수 있다"고 역설했다. 그는 '국부의 증대'는 분업 생산방식, 자아존중(이기심), 재산소유, 자유경쟁, 시장경제로 달성된다고 주장했다. 개인이 각자의 이해에 따라 판단하여 규제를 받지 않는 자유시장에서 경쟁을 하면 '보이지 않는 손'이 작용하여 시장 참가자들의 이익과 국부의 증진으로 귀결된다는 것이다.

인간을 '경제적 동물' economic animal로 보는 개념은 부르주아 자본주의bourgeois capitalism와 마르크스 사회주의Marxist socialism의 상징이다. 자본주의와 사회주의 모두 인간의 경제활동을 인간 존재의 목적을 달성하는 수단으로 보기 때문이다.

경제인은 경제적 만족만이 사회적으로 중요하고 또 의미 있는 것으로 간주한다. 경제인은 경제적 지위, 경제적 특권, 그리고 경제적 권리를 획득하기 위해 노력한다. 예를 들면 농축산물을 경작할 땅을 빼앗기 위해, 농축산물을 탈취하기 위해, 광물자원을 확보하기 위해 인간은 전쟁을 하고, 심지어 죽을 각오도 하는 것이다.

드러커는 《경제인의 종말》을 통해서, 전체주의는 결국 '경제인'이 '경제인 사회'에서 '자유와 평등'을 실현하는 데 실패함에 따라 새로운 인간 모델과 새로운 사회를 제시한 것이라고 결론지었다.

05

《경제인의 종말》에서 묘사한 1930년대의 특징

첫 번째 특징: 유럽이 세계의 중심 무대였다

1930년대 유럽에서 《경제인의 종말》을 제외하면 전체주의의 융성에 대해 설명한 책은 단 한 권도 없었다. 전체주의를 정치적 사회적 현상으로 설명하거나 혹은 전체주의의 융성과 관련된 역학을 정치적 군사적 지배로 분석하려는 시도조차 없었다.

《경제인의 종말》은 양차 세계대전 사이에 처한 유럽을 묘사하고 있다. 《경제인의 종말》에 묘사된 1930년대의 현실들 가운데 첫 번째 특징은, 유럽이 그 당시 세계 문제의 중심 무대였다는 사실이다.

히틀러는 자신이 유럽을 지배하면 곧 세계를 지배할 수 있을 것으로 믿었다. 그 생각은 옳았다. 실제로 히틀러는 당시 유럽의 어떤 다른 정치인들보다도 더 현실적이었다. 히틀러는 세계 정치의 중심이

유럽에서부터 이탈하고 있음을 인식했고, 자신이 가진 기회가 유럽 중심의 세계 제국을 건설할 마지막 기회라고 판단했다.

두 번째 특징: 마르크스주의는 시체가 된 후에 유럽의 정치 무대를 더 넓게 지배했다

《경제인의 종말》에서 묘사된 1930년대의 두 번째 특징은, 마르크스주의가 주역을 하고 있었다는 점이다. 드러커는 《경제인의 종말》에서 마르크스주의는 이미 실패했고 또한 선진 공업국가들에게 있어서 모든 타당성을 상실했다는 사실을 제시했다.

마르크스주의가 창조력을 발휘한 시대는 제1차 세계대전으로 막을 내렸다. 그 이전 수십 년 동안 마르크스주의는 유럽의 정치, 사회, 경제에 있어서 모든 창조적 사고를 자극하는 원천이었지만, 《경제인의 종말》이 출판될 무렵에는 이미 '실패한 신'이었다.

사회주의 인터내셔널Socialist International(1864년 9월 28일 런던에서 영국과 프랑스의 노동조합 지도자들이 만든 국제노동자연합. 칼 마르크스가 총위원장에 선임되었다)이 제1차 세계대전을 방지하거나 수습하는 일에 실패한 후, 공산주의는 유럽의 어느 선진국에서도 권력을 잡는 데 실패했다. 그후 마르크스주의는 그 창의력을 급속히 상실했다.

1914년 이전에는 사상가들과 정치 지도자들을 무수한 별들처럼 많이 배출했던 마르크스주의가 제1차 세계대전 이후에는 단 한 명의 뛰어난 인물도, 심지어 이류의 인물도 배출하지 못했다. 1914년 이전에는 마르크스주의에 매료당했던 엘리트 지식인들이 1918년 이후로 마르크스주의를 버렸고, 새로운 지도자들과 새로운 사상을 찾아

몰려들었다. 이를 테면, 독일의 막스 베버Max Weber, 1864~1920, 프랑스의 신토마스주의neo-Thomism(토마스 아퀴나스에 의해 세워진 철학과 신학의 체계를 현대에 부활한 이론), 그리고 오스트리아의 프로이트Sigmund Freud, 1856~1939 등이었다.

그러나 마르크스주의가 지식인 계층에서 신뢰와 창의력을 급격히 상실하는 한편으로, 대중에게는 인기를 얻어갔다. 마르크스주의는 선거든, 혁명이든 더 이상 권력을 잡거나 추종자를 모으기 위해 효과적으로 조직을 만들 수가 없었다. 하지만 선동가들은 뻔뻔스럽게도 마르크스주의의 수사修辭를 사용했다. 당시 어디서나 사용되는 말은 마르크스주의와 관련된 단어였다. 이런 현상은 심지어 미국에서도 일어났다.

유럽에서 마르크스주의가 번창하던 시대에는 정작 미국에는 아무런 영향을 주지 않았다. 그 당시 미국에는 마르크스주의에 조금이라도 영향을 받은 일류 사상가도 정치가도 없었고, 심지어 이류로 분류될 사람들 중에도 그런 사람은 없었다. 그러나 1930년대 후반과 1940년대 초반 마르크스주의가 붕괴될 무렵, 갑자기 미국의 사이비 지식인들 사이에서 마르크스주의가 번져가기 시작했고, 그후 10여년 동안 그들에게 중요한 사상이 되었다.

달리 말하면, '실패한 신' 마르크스주의는 이념으로서 그 전성기를 누리고 있을 때보다도 시체가 된 후에 서구의 정치 무대를 더욱 더 넓게 지배했다. 그리고 마르크스주의의 실패가 전체주의를 등장하게 만든 중심 요소가 되었고, 또한 대중이 전체주의의 구렁텅이로 빠지게 되는 주요 이유였다.

드러커는, 유럽이 경제적으로 다시 '풍요한' 상태가 되고, 경제적 기업가정신economic entrepreneurship에 의해 개인들이 소유하고 경영하는 세계적 기업들이 창출되고, 세계경제가 다시 등장하리라고는 상상할 수도 없었던 시기에, 지상천국을 주장하는 마르크스주의는 오류가 드러나는 즉시 살아남지 못할 것으로 결론을 내렸다.

동시대 사람들에게는 공산주의 혁명이 '불가피한 혁명' 으로 보였지만, 드러커는 실제로 일어날 가능성이 없다는 사실을 인식하는 한편, 또한 새로운 전체주의(독일의 나치즘과 아탈리아의 파시즘)는 경제 조직을 전복시키는 목적보다 훨씬 더 근본적인 어떤 것들을 전복시키려는 목적을 가진 '혁명' 이라는 사실을 깨달았다.

세 번째 특징: 리더십 부재가 전체주의의 등장을 촉진했다

1930년대의 현실들 가운데 《경제인의 종말》이 일깨우고 있는 중요한 세 번째 특징은 서구사회의 '리더십의 부재' 이다.

예나 지금이나 정치 무대는 항상 뛰어난 인물들로 넘쳐난다. 그러나 당시 유럽에는 히틀러와 스탈린을 제외하고는 모두 소인배였다. 프란츠 파펜Franz von Papen, 1879~1969(오스트리아, 터키 등지의 대사로 있으면서 히틀러가 권력을 잡는 데 기여), 피에르 라발Pierre Laval, 1883~1945(제2차 세계대전 때 비시vichy 프랑스를 이끌어 독일에 협조했으며, 반역자로 처형됨), 비드쿤 퀴슬링Vidkun Quisling, 1887~1945(제2차 세계대전 중 독일군이 노르웨이를 점령하는 데 협력한 반역자)과 같은 지도자들은 오판을 하고 또 국가를 배신한 소인배들이었다.

오늘날 사람들은 "당시 처칠이 있었지 않는가?" 라고 이의를 제기할 것이다. 악의 세력에 대항하여 맞서 싸운 유럽의 지도자로서 윈스턴 처칠의 등장은 결정적 사건이었다. 그것은 '운명의 갈림길' 이었다.

드러커는《경제인의 종말》에서 처칠이 등장하여 리더십을 발휘하기를 바랐다. 그러나 1939년의 처칠은 한물 간 사람이었다. 1874년생인 그는 70을 바라보는 힘없는 늙은이였으며, 자신의 열정적인 웅변에도 불구하고 (혹은 그 때문에) 듣는 사람들을 지겹게만 하고, 두 번이나 선거에서 떨어진 바 있어 공직에는 적합하지 않은 사람이라는 사실을 스스로 증명한 사람이었다.

어쨌든 처칠이 나치의 마법을 분쇄하지 않았더라면, 유럽은 나치의 침공을 막아내지 못했을 것이다. 처칠은 유럽이 필요로 하는 것들, 즉 도덕적 권위, 가치에 대한 믿음, 그리고 이성적 행동에 대한 신뢰를 갖고 등장했다.

Peter F. Drucker

06

경제인 이후의 인간 모델과 사회의 모델

경제인과 경제인사회 이후

드러커는 《경제인의 종말》에서 결론적으로, 전체주의의 영웅적 인간 모델이 지배하는 비경제인 사회는 몰락하고, '경제인 개념의 한계' 로부터 자유롭게 된 개인들이 자유와 평등을 달성할 수 있는 새로운 비경제적 사회를 창출하게 될 것이라고 주장했다. 그러나 나중에도 드러커는 '자유 평등한 비경제인 사회' 의 도래를 재차 강조하지는 않았다.

드러커는 1950년대 중반을 넘어서면서 어렴풋이 '지식근로자' knowledge worker 개념을 제시하기 시작했고, 말년에는 노동력의 중심이 고등교육을 받은 사람이 될 것이고 그런 사회는 '지식사회' knowledge society가 될 것으로 내다보았다. 드러커는, 종말을 맞은 경제인과 경제인사회 이후에, 자유와 평등을 실현하는 인간의 모델과 그들이 자유와 평등을 실현하는 사회의 모델로 '지식근로자'와 '지식사회'를 염두에 두었는지도 모른다(드러커 자신은 구체적으로 적시하지는 않았다). 드러커는 《경제인의 종말》 이후 많은 책에서 지식근로자의 등장과 지식사회의 모습에 대해서 언급했다.

지식근로자의 등장

서유럽이 많은 기술적 진보를 이룩했음에도 불구하고 제대로 기능하는 사회functioning society를 창조하지 못했고 전체주의를 초래했다는 점, 그리고 이런 실패야말로 현대의 선진국들이 직면한 위기의 주요 원인이라는 사실이 드러커에게는 항상 고민이었다.

경제발전과 정치적 후퇴가 병존한다는 것은 커다란 부조화인데, 드러커는 이런 부조화가 발생한 원인을, 서구사회의 지도적 엘리트들이 방법론적으로는 전前산업시대적일 뿐 아니라 정신적으로는 반反산업적일 수밖에 없는 중상주의적 윤리관에 속박되어 있다는 사실에서 찾았다. 경제의 절대주의라고 할 수 있는 중상주의는, 경쟁국의 국력 희생을 대가로, 자국의 국력을 증가시킬 목적으로 국민경제에 대한 정부의 규제를 강화한다는 것이다.

이 이론에 따르면 국민의 수가 많아질수록 국가는 강해진다. 대규모의 국민에 의해 노동력과 시장 및 군인이 공급되기 때문이다. 개인의 욕구는 최소화되어야 한다. 특히 수입된 사치품에 대한 욕구는 더욱 제한되어야 하는데, 그것들은 귀중한 외환을 유출시키기 때문이다. 따라서 욕구를 억제하는 수단으로 음식과 약품을 규제하는 사치단속법을 시행했다. 자본 창출을 위해 절약과 저축, 심지어는 인색함이 덕목으로 간주되었다.

드러커는 제2차 세계대전중인 1942년에 출판한 두 번째 저서《산업인의 미래》에서,《경제인의 종말》에서 분석한 정치철학 및 사회철학의 중요 논점을 재확인했다. 그리고 거대 기업에 대해서는, 고용을 창출하고 실업을 막는, 새로운 사회질서를 대표하는 상징적 제도로 인식했다. 드러커는 산업사회의 으뜸가는 발명은 자율적인 기업이고, 그 지배 주체인 전문경영자를 둘째가는 발명이라고 생각했다. 드러커는《산업인의 미래》에서 기업은 산업사회를 구성하는 하나의 제도가 되었으며, 이 제도 안에서 통치자(경영자)는 통치(경영)의 원리를 확립하고 아울러 개개의 구성원에게 지위와 기능을 갖게 해야 된다고 결론을 내렸다. 그 당연한 귀결로서, 드러커는 대기업의 내부를 조사해야 할 필요성을 통감했다.

1946년 출간한《기업의 개념》은 드러커가 GM의 내부를 1943년부터 2년 동안 조사, 분석, 진단, 연구관찰하고 컨설팅한 결과물을 출판한 것이다. 이 책에서 그는 GM의 목적, 정책, 관행, 성과 등 여러 측면에서 아주 흥미로운 결과를 발표했고, 덧붙여서 기업에는 경제적인 차원뿐 아니라 정치적인 차원도 존재한다는 새로운 통찰을 보여주었다.

드러커는 초기 3부작《경제인의 종말》과《산업인의 미래》와《기업의 개념》을 통해 산업사회의 주요 고용기관인 기업에 대해 연구했다. 1950년 출판된《새로운 사회: 산업질서의 해부》에서 드러커는 자유로운 사회와 공장공동체의 모습을 제시하면서 이렇게 말했다.

"기업이나 공장 공동체가 정부의 직접 통제를 받게 되면 자유사회는 불가능하다. 그것은 노동조합을 억압할 것이며 또한 정부가 시민들 개개인에 대해 완전한 통제를 초래할 것이다. 나는 사회민주주의가 환상, 유토피아적 몽상, 지적 오만 및 완벽주의의 유산을 갖고 있다는 이유만으로도 정부가 기업을 직접적으로 통제하는 것을 가장 심각하게 우려한다."

애덤 스미스의 경제인, 프레더릭 테일러Frederick Taylor, 1856~1915의 과학적 관리법을 실천하는 노동자, 그리고 헨리 포드Henry Ford, 1863~1947의 조립라인에서 일하는 근로자, 즉 경제인 모델은 모두 육체노동자였다. 1900년 미국의 최대 단일 인구집단은 농부로서 그들은 시골에서 살며 농사를 지었다. 1940년이 되자 최대 단일 인구집단은 미숙련 기계공들이 주축이 된 산업 노동자로서, 그들은 공장 주변에서 살았다. 제2차 세계대전 직전에는 조립라인에서 일하는 노동자가 미국 노동력의 중심 세력이었다.

1944년 프랭클린 루스벨트 대통령에 의해 '제대군인 원호법'GI Bill이 실시된 후 미국의 근로자는 고등교육을 받게 되었고, 미국의 노동력 중심은 육체근로자에서 지식근로자로 이동했다.(2008년 고등학교 졸업자들의 대학 진학율이 84퍼센트인 우리나라도 그 점은 마찬가지이다.)

제2차 세계대전 종전 후 귀환병을 지원하려는 목적으로 제정된 제대군인 원호법은 전후戰後 경제 불황을 회복하고, 국민들에게 보다 나은 주택을 소유하게 하고, 국민의 교육수준을 향상 시키는 데 크게 기여했을 뿐만 아니라, 1천만 명에 가까운 제대군인들이 노동시장으로 들어와 실업자가 되는 것을 방지하는 역할을 했다. 주요 내용은, 미국 고용국으로부터 특별고용, 4년간의 교육 및 직업훈련, 52주간의 실업보험, 제대군인에 대한 주택, 농장, 기업 대출 등이었다.

1960년이 되자 미국의 최대 단일 인구집단은 인구조사 용어로 '전문가', '경영자', '기술자'로 분류되는 지식근로자였다. 1975년 혹은 넉넉히 잡아 1980년경의 지식근로자 집단은 미국인들의 다수를 차지하게 되었다.

오늘날은 지식근로자, 즉 육체적 기술이나 근육으로 생산 작업을 하는 것이 아니라 아이디어, 지식, 정보를 적용하여 일하는 근로자들이 미국 노동력의 중심이 되었다. 미국의 최대 단일 직업은 가르치는 직업, 즉 지식을 체계적으로 공급하고 또 지식을 적용하는 방법을 체계적으로 훈련시키는 직업이다.

Peter F. Drucker

07

경영자는 사회정의를 실현하는 가장 강력한 원동력

1954년 출판된 《경영의 실제》는 드러커의 초기 경영사상을 집대성한 결정판이다. 그는 서문에서 이렇게 밝혔다. "나는 이 책을 쓰는 데 있어서 슘페터에게 많은 아이디어를 얻었으며, 또한 조직 이론에 있어 X이론이 타당하지 않다는 입장이다."

이 책은, 기업의 여러 경영기능들을 하나의 목적으로 통합시키고, 목표달성에 필요한 경영의 제반 요소들을 정리하며, 미래의 결과를 얻기 위해서 변화 경영을 검토하는 등 경영의 여러 필수요건들에 초점을 맞추고 있다.

《경영의 실제》에서 드러커는, 경영자는 경제적 자원을 체계적으로 조직함으로써 인간의 생활을 향상시킬 수 있다는 신념을 나타냈다. 인간의 행복은 물질적 재화의 소비수준을 높여서 달성된다는 것, 그리고 '경영자'는 경제적 발전을 통해 인간생활의 향상과 사회정의를 실현하는 가장 강력한 원동력이라는 신념을 단적으로 표현한 것이다. 《경영의 실제》에서 드러커는 다음과 같이 고전파 경제학과는 매우 다른 주장을 했다.

250여 년 전, 영국의 버나드 데 맨드빌Bernard de Mandeville, 1670~1733은 새로운 상업시대의 정신을 "사적 이익의 추구는 공공의 이익으로 귀결된다"라는 유명한 경구로 요약했다. 개인의 이기주의가 무의식적으로 공공의 이익을 증진하게 된다는 의미이다.

맨드빌의 주장이 옳았을는지도 모른다. 애덤 스미스 이후 경제학자들은 이 말을 두고 계속 논쟁을 해오고 있다. 하지만 이 말이 옳은가 그른가 하는 것은 중요하지 않다. 어쨌든 그런 신념 아래 만들어진 사회는 오래도록 지속될 수가 없다. 왜냐하면 훌륭하고 도덕적이며 지속적인 사회에서는 공공의 이익은 항상 개인의 미덕에 기초를 두고 있기 때문이다. 어떤 지도층도 맨드빌의 개념을 받아들여서는 안 된다. 반대로 모든 지도층은 공공의 이익이 자신이 속한 집단의 이익을 결정한다고 주장할 수 있어야 한다. 이 명제는 리더십을 발휘해야 할 사람들이 자격을 갖출 수 있는 유일한 합법적인 근거이다. 그것을 현실로 만드는 것이 지도자의 첫 번째 의무이다.

자본주의 반대 세력들이 주장하는 논리는 견고하지 않을 뿐만 아니라 때로는 유치하기 그지없다. 반反자본주의 세력의 정치 강령은 독재의 위협을 내포하고 있다. 그러나 그것만으로는 자본주의를 비판하는 사람들을 설득하기에는 역부족이다. 왜냐하면 자본주의와 자본가에 대한 반감은 도덕적이고도 윤리적인 것이기 때문이다. 자본주의가 비난을 받는 것은 그것이 비효율적이거나 방향이 잘못되었기 때문이 아니라, 자본가와 자본주의를 냉소적으로 보는 시각 때문이다. "개인의 이익 추구가 공공의 이익으로 귀결된다"는 신념에 기초한 사회는, 그 논리가 아무리 타당하다 해도, 그 이익이 얼마나 크다 해도, 사실상 오래 지속될 수가 없다.

드러커는 자신의 이런 새로운 주장을 단지 말로만 그치지 않고 확고한 법칙으로 만드는 것이, 경영자 자신을 위해, 기업을 위해, 사회를 위해, 그리고 인간의 삶의 방식을 유지하기 위해 경영자가 할 수 있는 가장 중요한 책임이자, 궁극적인 책임이라고 보았다.

오늘날 글로벌 금융위기의 한 원인이 월가의 투기꾼과 금융파생상품 개발자들의 탐욕에서 비롯된다고 보았을 때, 드러커는 이미 50년 전에 미국의 기업경영자들에게 공익과 사회적 책임을 강조했던 것이다.

산업사회에서 지식사회로

드러커는 1968년 출판한 《단절의 시대》에서 한 장을 할애하여 지식사회knowledge society, 지식산업knowledge industry, 지식작업knowledge work, 지식경제knowledge economy, 지식근로자knowledge worker 등을 다루었다. '지식산업', '지식작업', '지식근로자' 등과 같은 용어들은 1960년경, 비슷한 시기에 서로 연관없이 쓰이기 시작했다. '지식산업' 은 프린스턴대학교 경제학교수 프리츠 맥컬럽Fritz Machlup, 1902~1983이 1962년 자신의 저서 《미국의 지식 생산과 분배*Production and Distribution of knowledge in the United States*》에서 처음으로 사용했다.

'지식작업' 과 '지식근로자' 는 드러커가 최초로 사용했다. 지식근로자라는 용어는 1959년 《내일의 이정표》에서 처음 사용했다.

1964년 출판된 《창조하는 경영자》에서 드러커는 '지식경영' 의 기초적 용어들인 핵심역량, 지식작업, 지식분석, 지식근로자라는 용어를 사용하고, "기업을 외부의 관점에서 바라보라", "지식이 생산요소이다", "기회에 초점을 맞추어야 한다", "미래는 지금 만들어라"는 등의 개념을 소개했다. 또한 지식을 가진 사람이 가장 중요한 자원이라는 점을 설명했다. 《창조하는 경영자》가 오늘날 경영자에게 특히 도움이 되는 것은, '미래' 라는 주제에 대해 "사회과학의 미래는 예측하는 것이 아니라 만들어가야 한다"라는 드러커의 통찰력을 보여주기 때문이다.

드러커는 미래에 대한 두 가지 전제(첫째, 미래는 알 수가 없다. 둘째, 미래는 지금 존재하는 것과도, 그리고 우리가 지금 기대하는 것과도 다를 것이다)를 바탕으로 미래를 만드는 방법을 제시한다. 그 다음 '이미 일어난 미래' 라는 개념을 통해, 그것을 파악하는 방법(인구변화, 산업구조 변화, 지식의 변화, 회사 내부의 변화 등)을 이용하는 방법도 제시한다.

드러커는 《단절의 시대》에서 지식이 주요 생산요소를 넘어 유일한 생산요소가 되고 있음을 주장했고, 한걸음 더 나아가 《보이지 않는

혁명》(1976)과 《자본주의 이후의 사회》(1993)에서 '육체노동자'와 '자본' 대신 '지식근로자'와 '지식'이 생산요소가 된 사회를 여전히 자본주의 또는 공산주의라 부를 수 없으므로, 앞으로의 사회를 지식사회knowledge society로 명명해야 한다고 강조했다.

사실, 우리가 자본주의 시대라고 불렀던 시기인 지난 200~300년 동안 정치의 역할은 재산과 소득의 획득 그리고 분배활동이었다. 그런데 지식사회에서는 정치의 역할이 정규 지식의 획득과 분배활동이 되리라고 기대하는 것은 무리가 아니다.

또한 우리는 '교육받은 사람'의 의미를 재정의하게 될 가능성이 매우 크다는 것을 예측할 수 있다. 지식사회는 상사와 부하의 사회가 아니라 고참자와 신참자로 구성된 사회이다. 지식근로자들에게 가장 중요한 것은, 그들이 스스로를 근로자worker로 보지 않고 전문가professional로 인식한다는 점이다.

08

지식근로자의 행동 규범

경영: 과제, 책임, 실제

드러커는 64년에 걸친 긴 저술기간(1939~2003)의 중간 즈음에 해당하는 1973년, 그때까지 집필한 경영사상을 총결산하는 방대한 분량의 획기적인 저서 《경영: 과제, 책임, 실제》를 발표했다.

드러커는 제2차 세계대전이 발발하기 50여 년 전 경영의 영웅시대에 몇몇 경영자들이 비전과 믿음을 가지고 고독하게 일하며 쌓아올린 지식은 지금의 세상에는 맞지 않는다고 판단했다. 그는 아직 경영에 대한 지식이 미흡하고 경영의 목표달성을 위한 현실적이고 타당한 접근법과 도구를 갖추지 못했으며 또한 각 분야마다 새로운 과업이 등장하고 있다는 사실을 전제로 하지만, 가능한 한 현대의 모든 경영자가 알아야 할 내용을 이 책에 종합했다.

육체작업manual work에 과학적 관리법을 도입했을 때 공장에 대대적인 변화가 발생했듯이, 지식작업knowledge work에 생산성 개념을 부여하는 순간 작업구조와 경력, 조직에도 상당히 극적인 변화가 발생할 것이다. 정규 교육을 받고 사회에 첫발을 내딛는 사람들이 갖게 되는 최초의 일자리는, 이 지식근로자가 생산적인 일꾼이 되는 방향으로 전폭적으로 바뀌어야 할 것이다. 지식근로자가 자신이 누구인지, 어떤 일이 자신에게 맞는지, 자신이 일을 가장 잘하는 방법이 무엇인지를 알아내지 못한다면, 지식은 결코 생산적인 것으로 전환될 수 없기 때문이다. 지식작업에 있어 계획과 집행이 분리되어서는 안 된다. 오히려 그 반대로 지식근로자는 스스로의 일을 계획할 수 있어야 한다.

경영혁신과 기업가정신

드러커는 1985년 《경영혁신과 기업가정신》에서, 가난한 사람들과 장애인들을 위해 19세기 초 독일 제국에서 처음 시도된 복지국가가 20세기 중반 세대의 유산이 된 사실을 지적했다. 복지국가는 지금 그 본래의 취지를 상실하고 '모든 사람을 위한 기득권'이 되었고, 직접 생산 활동을 담당하는 사람들에게 점점 더 큰 부담이 되고 있다. 조직·제도·정책은 제품·프로세스·서비스와 마찬가지로, 궁극적으로 제 역할을 다하고도 언제나 더 오래 살아남는 법이다. 그것들은 자신들의 목적을 성취한 때에도 그렇고 또한 목적달성에 실패한 때에도 그렇다. 한번 만들어진 메커니즘은 계속 움직이는 것인지도 모른다.

그러나 그런 메커니즘들을 설계할 때 전제되었던 것들은 이미 그 타당성을 잃어버렸다. 예를 들면, 지난 100여 년 동안 모든 선진국에서 의료보호제도와 연금제도를 설계할 때 사용했던 인구통계 특성에 관한 전제가 그렇다. 그 결과 합리성은 사라지고, 은혜는 재앙의 씨앗이 되고 있는 것이다.

알렉시스 드 토크빌Alexis de Tocqeville, 1805~1859은, 혁명은 구체제의 감옥을 철폐하지 않고 오히려 수를 증가시킨다는 것을 지적했다. 토크빌이 증명한 것처럼, 프랑스혁명이 남긴 가장 끈질긴 유산은 프랑스혁명 이전 시대의 바로 그 족쇄를 강화한 것이었다. 다시 말해 온 나라를 통제되지 않은, 그리고 통제할 수 없는 관료제도 아래 종속시켰고, 모든 정치적, 지적, 예술적, 경제적 생활을 파리로 집중시켰다.

러시아혁명이 가져온 핵심 결과는 토지 경작자를 위한 새로운 농노제, 전지전능한 비밀경찰, 그리고 융통성 없고 부패한, 숨막히는 관료제도였다. 그것은 러시아의 자유주의자들과 혁명가들이 가장 소리 높여, 또한 가장 큰 정당성을 갖고 공격했던 제정 러시아 정부의 특징들 그 자체였다. 그리고 죽음의 춤을 연상케 하는 마오쩌둥의 '문화대혁명'에 대해서도 마찬가지라고 말할 수 있다.

이론, 가치, 그리고 인간의 마음과 손이 만들어낸 모든 가공품은 낡고 경직되며, 진부화되고는 결국 '재앙의 씨앗'이 된다. 지금 우리는 '혁명'은 환상이라는 것, 즉 19세기에 널리 퍼진 환상이라는 것, 그러나 오늘날에 와서는 아마도 가장 믿을 수 없는 신화라는 것을 알고 있다. 지금 우리는 '혁명'이란, 성취도 새로운 새벽도 아니라는 것을 알고 있다. 혁명은 뿌리 깊은 부패에서, 아이디어와 조직의 파탄에서, 그리고 자기혁신에 실패한 결과로써 나온다.

따라서 혁신과 기업가정신은 경제에서 필요한 것만큼 사회에서도 필요하고, 기업에서 필요한 것만큼 공공 서비스기관에서도 필요하다. 정확히 말해 혁신과 기업가정신은 '뿌리와 줄기'처럼 동시에 존재하는 것이 아니라 '한번에 한 걸음씩', 즉 여기에 이 제품, 저기에 저 정책, 저쪽에는 공공 서비스… 라는 식으로 추진하는 것이기 때문이다. 혁신과 기업가정신은 사전에 미리 계획되는 것이 아니라, 이런저런 기회와 욕구에 초점을 맞추는 것이기 때문이다. 혁신과 기업가정신은 잠정적이며, 기대한 만큼의 필요한 결과를 산출하지 못하면 사라질 것이기 때문이다. 달리 말하면, 그것들은 무조건 따라야 하는 원리적인 것이라기보다는 실용적인 것이고, 거창한 것이라기보다는 단순한 것이기 때문이다.

혁신과 기업가정신은 사회, 경제, 산업, 공공서비스, 혹은 기업 등을 유연하게 만들고 자기혁신을 하도록 해준다. 혁신과 기업가정신은 각각의 세대가 혁명을 통해 달성하고자 했던 것을 실현해줄 뿐만 아니라, 혁명이 가져올 유혈사태, 내전, 강제수용소도 필요 없이, 경제적 파국을 일으키지 않고도, 목적과 방향을 가지고 각 세대가 달성하고자 하는 것을 실현해준다.

우리가 필요로 하는 것은 혁신과 기업가정신이 정상적으로, 확고하고 지속적으로 유지되는 기업가사회entrepreneurial society(企業家社會라기보다는 起業家社會로 번역하는 것이 타당할 것 같다)이다. 마치 경영이 모든 현대 조직 특유의 체제이자 우리의 조직사회를 통합시키는 체제가 된 것처럼, 혁신과 기업가정신은 우리의 조직, 경제, 사회가 살아남도록 하는 필수적인 생명유지 활동이다.

지식근로자의 생산성을 결정하는 6가지 요소

드러커는 1999년 《21세기 지식경영》에서 지식경영자의 생산성 향상 방법에 대해 서술했다. 20세기에, 경영이 기여한 것 중 가장 중요하고, 고유한 것은 제조업에서 육체근로자의 생산성을 50배나 증가시킨 사실이다. 21세기에, 경영이 기여할 점은 마찬가지로 지식작업과 지식근로자의 생산성을 향상시키는 것이다. 20세기의 회사가 보유한 가장 가치있는 자산은 그 회사의 생산시설이었다. 반면 21세기의 기관들이 보유하는 가장 가치있는 자산은 그 기관의 지식근로자와 그들의 생산성이 될 것이다.

드러커는 여섯 가지 주요 요소들이 지식근로자의 생산성을 결정한다고 주장했다.

❶ 지식근로자의 생산성은 우리로 하여금 다음과 같이 질문하도록 요구한다. "과업이 무엇인가?"

❷ 지식근로자의 생산성은 우리로 하여금 지식근로자 자신의 생산성에 대한 책임을 그들 스스로에게 부과하도록 요구한다. 지식근로자는 자신을 스스로 관리해야만 한다. 그들은 자율성을 가져야만 한다.

❸ 지속적인 혁신은 지식근로자의 작업, 과업, 책임의 한 부분이어야 한다.

❹ 지식작업은 '지속적인 공부' continuous learning를 지식근로자의 한

속성으로 포함시켜야 한다. 또한 '지속적인 교육' continuous teaching도 지식근로자의 한 속성으로 포함되어야 한다.

❺ 지식근로자의 생산성은 일차적으로 산출량quantity의 문제만은 아니다. 품질quality도 마찬가지로 중요하다.

❻ 지식근로자의 생산성을 향상하기 위해서는 지식근로자를 '비용'이 아닌 '자산'으로 인식하고 취급해야 한다. 그것은 지식근로자는 다른 어떤 기회들보다도 조직을 위해 일하는 것을 우선적으로 원하도록 요구한다.

이런 각각의 요구들은 (아마도 마지막 것은 예외로) 육체근로자의 생산성을 증가시키는 데 필요한 요소들과는 정확하게 거의 정반대이다.

Peter F. Drucker

09

다음 사회를 예측한다

드러커의 저서들은 대부분 여러 매체에 기고한 글들을 한 가지 큰 주제 아래 다시 편집하여 출판한 것들이다. 그리고 나중에 드러커 자신이 혹은 다른 편집자들이 재분류하여 별도의 책으로 묶어 출판하기도 했다. 2002년 출판된 드러커의 저서 《넥스트 소사이어티》는 1차로 언론매체에 발표한 것들을 일관적인 주제에 맞게 편집한 마지막 책이다. 책의 주제는 문자 그대로 '미래'에 대한 추론이다. 드러커는 이 책에서 자신의 오랜 관찰의 결과를 바탕으로 여러 분야에 대해 추세와 예언적인 주장을 했다.

경제보다는 사회가 더 중요해진다

신경제 혹은 새로운 사회가 어떤 모습일지 정확히 예측할 수는 없지만, 미래를 예상할 수 있는 몇 가지 현상들과 추세는 파악할 수가 있다. 지난 50년 동안은 경제 문제가 주류를 이루었지만 향후 30년 동안은 사회적인 이슈가 크게 주목받게 될 것이다.

다음 사회(next society)는 산업구조가 지금 사회와는 다르다

우리는 20세기 동안 지난 1000년간 사회를 지탱했던 부문, 즉 농업이 급격히 쇠퇴하는 것을 지켜보았다. 제조업도 같은 경로를 따라가고 있다. 제2차 세계대전 이후 제조업 생산품의 가격은 꾸준히 하락했으며, 반면 주요 지식 제품은 인플레를 감안하더라도 3배나 증가했다. 제조업 근로자들의 수가 적으면 적을수록, 정치적으로 한층 더 단결하여 영향력을 발휘하고 있다. 블루칼라 노동자들은 임금만 줄어든 것이 아니라 그들에게 보다 더 중요한 사회적 지위를 상실하고 있다. 세계화에 대한 반대자들은 '일자리를 빼앗아가는 의미로서의 세계화' 를 반대하는 것이다.

1930년대 드러커는 산업혁명에 의해 야기된 커다란 불평등은 엄청난 절망감을 초래하여 전체주의 비슷한 것이 대두될 수도 있다고 우려했다. 불행히도 그의 우려는 적중했다. 오늘날, 경영자들이 종업원들을 마구잡이로 해고하면서도 정작 자신들은 막대한 소득을 올리는 것은 사회적으로도 도덕적으로도 용서받지 못할 일이라고 드러커는 역설한다.

다음 사회는 인구구조가 지금과는 매우 다를 것이다

노인 인구는 급속도로 증가하고, 반대로 젊은 인구는 급감한다. 따라서 어느 선진국이든 예외 없이 가장 빨리 성장하는 산업은 이미 교육을 많이 받은 성인들에 대한 평생교육 산업이 될 것이다. 인구 변화의 결과, 이민은 분명 한층 더 뜨거운 이슈가 되었다. 그러므로 앞으로 세계는 노인들과 함께 사는 법, 그리고 필요는 하지만 받아들이고 싶지 않은 이민 문제를 해결하는 법을 배워야 한다.

다음 사회는 지식이 핵심 자원일 것이고, 지식근로자가 노동력 중에서 지배적 집단이 될 것이다

20세기 후반, 육체 작업과 육체노동자로부터 지식작업과 지식근로자로의 이동은 진정한 단절이고, 진정한 분기점이다. 그런데도 오늘날 대부분 국가의 정치 시스템은 여전히 압도적으로 육체노동자가 다수라는 가정하에, 그리고 농업과 산업 노동력이 압도적으로 다수라는 가정에 기초하고 있다. 그러나 지금 선진국의 두 사회계급은 자본가와 육체노동자가 아니라, 이미 지식근로자knowledge worker와 서비스근로자service worker로 분류된다. 지식근로자가 노동력의 중심인 지식사회의 주요 특성들은 다음과 같을 것이다.

첫째, 국경이 없다. 지식은 돈보다 훨씬 더 쉽사리 돌아다니기 때문이다. 땅과 공장에 붙박여 생활하는 농업사회나 산업사회의 육체노동자와는 달리, 자신의 지식을 이용하여 스스로 판단하고 또 조직활동을 하는 지식사회의 지식근로자는 자신의 지식의 가치를 최대로 평가해주는 고용주를 찾아 전세계를 이동한다. 따라서 지식사회는 이동사회이다.

둘째, 상승 이동이 쉬워진다. 누구나 손쉽게 정규 교육을 받을 수 있기 때문이다.

셋째, 성공뿐만 아니라 실패할 가능성도 높다. 지식근로자는 '생산수단', 즉 어떤 직무의 수행에 필요한 지식을 획득할 수 있기 때문에 성공할 수 있지만, 그렇다고 해서 모두가 승리할 수는 없다.

이런 세 가지 특성들이 상승 작용하여 지식사회를 고도의 경쟁사회로 만들 터인데, 그 점은 조직에게도, 그리고 개인들에게도 마찬가지일 것이다.

지식사회의 상승 이동은 높은 대가를 치러야 한다. 치열한 경쟁에서 느끼는 심리적 압박과 정신적 상처가 그것이다. 세상에는 패배자가 있는 경우에만 승리자가 있는 법이다. 따라서 지식근로자는 자신의 은퇴 후 생활과 제2의 인생도 미리 계획해야 할 것이다. 지식근로자들은, 아직 젊었을 때, 자신들만을 위한 비경쟁적인 인생과 공동체를, 그리고 어느 정도 외부에 대한 관심사를 개발할 필요가 있다. 외부에 대한 관심사는 그들에게 인간적으로 사회에 공헌하고 또한 성취할 기회를 제공해 줄 것이다.

넷째, 집합적으로 볼 때 지식근로자들은 새로운 자본가들이다. 그들은 연기금 또는 투자신탁기금의 지분을 통해 많은 대기업들의 주주가 되었다.

다섯째, 지식근로자들은 자신들의 서비스를 구입하고 있는 고용주와 동등한 인격체로, 다시 말해 스스로를 '종업원'이 아니라 '전문가'로 인식하고 있다. 말하자면 지식사회는 상사와 부하의 사회가 아니라 고참자와 신참자로 구성된 사회이다. 이런 가정하에, 드러커는 두 가지 질문에 대해 답을 구하려 한다.

• 다음 사회를 대비하기 위해 지금 경영자들이 해야만 하는 것은 무엇인가?

• 아직은 우리가 알지 못하고 있지만, 분명 앞으로 다가올 다른 큰 변화들은 무엇인가?

다음 사회는…

1. 아마도 앞으로 10년 전후로, 단기적 목표인 '주주중심 가치'를 일차적 목적으로, 그것을 존립의 근거로 하여 기업을 운영하는 것은 바람직하지 않을 것이다.

지식 기반 기업들은 지식근로자가 매력을 느끼도록 하고, 그들을 머무르도록 하고, 동기를 부여하면서 경영해야 한다. 그것은 지식근로자들의 물질적 야망을 만족시킴으로써 달성할 수 있는 것이 아니라, 그들의 가치관을 만족시켜주고, 사회적 영향력을 제공함으로써 달성되어야만 한다. 또한 그들을 부하가 아니라 동료 경영자로서, 그리고 아무리 보수를 많이 준다 해도 '피고용자'라는 신분으로 두어서는 안 되고 '파트너' 혹은 '동업자'로서의 자격을 인정함으로써 달성되어야만 한다.

2. 다음 사회의 사회적 인프라는 정보기술이 될 것이다. 그리고 정보혁명은 18세기 말과 19세기 초 산업혁명이 걸어왔던 길과 비슷한 과정을 밟을 것이다.

실제로 지난 50년 동안 정보혁명이 진보해온 과정은 초창기 산업혁명이 보여준 것과 정확하게 일치한다. 시대는 변한다. 그리고 사람은 시대와 더불어 변해야 한다. 우리는 최소한의 컴퓨터 독해수준

(컴퓨터의 기초를 이해하고 계산기능을 이용하는 정도)에서부터 컴퓨터를 이용해 전문적인 분야의 일을 할 수 있는 정보독해 수준으로 이동하고 있다. 영국은 1850년대로 접어들자 산업혁명을 일으킨 국가로서의 우월적 지위를 잃기 시작했고, 또한 산업과 경제에서 차지하던 입지가 흔들리기 시작했는데, 처음에는 미국에, 그 다음에는 독일에 밀리기 시작했다. 영국이 뒤쳐진 주된 이유는 경제도 기술도 아닌 사회적인 것이었다.

3. 어느 나라나 리더십이 부족하다고 외치고 있다. 그러나 그것은 잘못된 외침이다.

16세기 말 민족국가와 현대식 정부가 등장한 것은 전례 없는 성공적인 혁신들 중 하나였다. 그후 2백 년도 채 안 되어 전세계는 민족국가들로 가득 찼으니까 말이다. 하지만 지금은 새로운 사고가 필요한 때이다. 막을 내린 20세기는 정부와 기업 모두 폭발적으로 성장한 시대였다. 특히 선진국에서는 특별히 그랬다. 그와 마찬가지로 21세기에 무엇보다도 필요한 것은 새로운 지배적인 사회환경 즉, 도시에 새로운 공동체들을 만들어줄 비영리 사회부문 조직들이 폭발적으로 성장해야 한다는 것이다.

성취에서 공헌으로

드러커는, 이런 모든 것을 감안할 때 가장 큰 변화들은 아직도 우리들 앞에 그 징후를 나타내지 않고 있음이 거의 확실하다고 주장했다. 또한 2030년의 사회가 오늘날의 사회와는 매우 다를 것이고, 그리고 요즘 베스트셀러를 기록하고 있는 미래학자들의 예측과는 거의 닮은 점이 없을 것이라는 점도 확신했다. 그것은 정보기술에 의해 지배를 받지 않을 뿐만 아니라 심지어 정보기술에 의해 그 모습이 결정되지도 않을 것이다. 정보기술은 중요하지만, 단지 몇몇 중요한 새로운 기술들 중 하나일 뿐이다.

다음 사회의 중심적인 특징들은, 그 전의 새로운 사회들과 마찬가지로, 새로운 기관들, 새로운 이론들, 이데올로기, 그리고 새로운 문제들로 구성될 것이다.

2007년 출판된 《마지막 통찰》은 드러커의 저서가 아니다. 저자 엘리자베스 에더샤임이 말년의 드러커와 18개월 동안 나눈 대화를 책으로 펴낸 것이다. 이 책에서 드러커는 말했다. "만약 지식근로자가 사용하는 용어들 중에서 '성취' 라는 말을 제외해버리면, 오히려 지식근로자는 기업활동에서 최고의 결과를 성취할 것이다. '성취' 를 '공헌' contribution이라는 말로 바꾸어라. '공헌' 은 사람들로 하여금 자신들이 공헌해야 할 대상에 초점을 맞추도록 해준다. 예를 들어 고객에게, 종업원에게, 주주에게, 그리고 사회에 대해 말이다."

사회가, 정치 지도자가, 경영자가 지식근로자들로 하여금 자신들 나름의 공헌 대상이 있다는 사실을 깨닫도록 도와주는 것이 그들이 성공할 수 있도록 준비하는데 필요한 핵심 과제이다. 세상에 '무조건 충성' 과 같은 일은 없다. 조직은 그 구성원들로부터 날마다 충성을 확보하지 않으면 안 된다.

드러커는 마지막으로 "오늘날은, 지식근로자가 기업이나 조직을 필요로 하기 보다는 기업이나 조직이 지식근로자들을 더 필요로 하고 있다. 힘의 중심이 변했다" 고 강조했다.

항우처럼 일어나서 유방처럼 승리하라

네이버 '오늘의 책' 선정!

"내가 천하를 얻을 수 있었던 것은 한신, 장량, 소하 이 세 사람을 참모로 얻어 잘 쓸 수가 있었기 때문이다. 그러나 항우는 단 한 사람의 범증조차도 쓰지를 못했다. 이것이 내게 패한 이유이다."
- 유방이 항우를 물리치고 천하를 제패한 뒤 했던 말

유방은 항우에 비해 보잘 것 없는 사람이었다. 항우가 명문 귀족 출신인 데 비해 유방은 빈농의 자식이었다. 가문도 별볼일없고 돈도 없고 학식과 지식도 부족했던 유방이 어떻게 천하를 통일하고 한(漢)제국의 황제에 오를 수 있었을까.
항우가 직선적이고 독단적인 반면 유방은 남의 말을 경청하는 열린 성품을 가졌다. 그런 유방에게는 인재들이 모여들었고 유방은 그들을 적재적소에 기용하여 재능을 발휘할 수 있게 해주었다. 수많은 전쟁에서 위기를 극복해 가며 항우를 멸망시키는 데 결정적인 역할을 해준 장량, 한신, 소하가 바로 유방의 일급 참모들이었다.

이시야마 다카시 지음 | 이강희 옮김 | 값 13,000원

에드거 케이시가 남긴 최고의 영적 유산!

미국의 종교 사상가이자 '20세기 최고의 예언자'로 불리는 에드거 케이시(1877~1945)는 만년에 누군가로부터 "당신의 최대 업적은 무엇입니까?"라는 질문을 받았을 때, 주저하지 않고 "신을 찾아서(A Search for God)라는 텍스트를 이 세상에 남긴 일입니다"라고 대답했다. 케이시가 그의 생애에서 가장 큰 심혈을 기울여 완성한 〈A Search for God〉이 한국어판으로 번역되어 〈신을 찾아서〉 〈신과 함께〉 두 권으로 출간되었다. 영성을 추구하는 많은 사람들에게 "어떻게 살아야 하는가"하는 삶의 올바른 길을 제시해준다.

〈나는 잠자는 예언자〉는 '미국에서 가장 불가사의한 인물' 에드거 케이시의 유일한 자서전이다. 케이시는 24세때 갑자기 목소리가 나오지 않는 실성증에 걸려 그때부터 자신의 영능력을 발견하게 되었다. 케이시는 더 높은 영성의 지식을 얻고자 한다면 온전한 선(good), 즉 신(GOD)이 함께 해야 한다고 강조한다. 대우주의 커다란 영(靈)과 통하게 된 케이시는 지상의 인간에게 신의 목적을 이해시키는 채널로써의 역할을 자신의 인생의 대명제로 생각했다.

〈신을 찾아서〉 에드거 케이시 지음 | 김진언 옮김 | 값 14,000원
〈신과 함께〉 에드거 케이시 지음 | 김진언 옮김 | 값 13,000원
〈나는 잠자는 예언자〉 에드거 케이시 자서전 | 신선해 옮김 | 값 14,000원

이야기 경영학

누구나 쉽게 읽을 수 있는
〈경영학〉 입문서!

철강왕 앤드류 카네기는 어릴 적부터 아이디어가 특출했다. 그는 여느 아이들처럼 어머니를 따라 가게에 가곤 했는데, 어느 날 가게 주인이 카네기에게 선물로 체리를 한움큼 가져가라고 했다 그러나 카네기는 머뭇거릴 뿐 체리를 쥐지 않았다 가게 주인은 카네기가 수줍어하는 줄 알고 자신이 체리를 한움큼 집어서 카네기의 모자에 넣어주었다.
가게를 나와서 어머니가 "너 아까 가게에서 왜 체리를 집지 않았지?"라고 묻자, 어린 카네기는 이렇게 대답했다. "아저씨 손이 내 손보다 더 크잖아요."
이 에피소드를 통해 멀리 내다보는 카네기의 능력, 그리고 남들과는 전혀 다른 사고방식을 가졌다는 것을 엿볼 수 있다. 나중에 카네기가 특별한 사업 아이디어로 성공한 것을 보면 다소 고개가 끄덕여지는 대목이다.
- 본문 중에서

이재규(전 대구대 총장) 지음 | 값 13,000원

과학과 인문학의 탱고

현대는 과학기술에 덧붙여
더 많은 인문학적 스토리를 요구한다.

최근 대기업 채용을 보면 80퍼센트 이상을 이공계 출신들로 뽑았다고 한다. 과거 상경계 출신들이 대부분을 차지했던 임원들도 점차 이공계 출신 임원들로 바뀌어가는 추세에 있다. 이것은 무엇을 의미하는가? 기업들이 보다 기본적인 문제, 즉 제품의 본질에 충실한 것이 곧 경쟁력이라고 생각하는 것이다. 과학기술의 기본을 잘 아는 인재가 제품에 스토리를 담고 예술적, 창조적 감성을 담는다면 금상첨화인 것이다. 그 반대편에 있는 인문계 출신이나 과학기술 분야에 종사하지 않는 사람들도 과학기술에 대한 이해와 관심을 가져야 하는 충분한 이유가 바로 여기에 있다.

●교보문고 '오늘의 책' 선정

황진명·김유항 지음 | 508면 | 값 18,000원